Carlos Hanimann
Elmer schert aus

Carlos Hanimann

Elmer schert aus

Ein wahrer Krimi zum Bankgeheimnis

Echtzeit Verlag

«Das Bankgeheimnis ist ein defensives Instrument,
das die Schweiz vom allgemeinen Wettbewerb verschont
und das uns, um ein Churchill-Wort aufzunehmen,
‹fett, aber impotent› macht.»
Hans Julius Bär, 2004

«Wie immer: Die das Nest schmutzig machen, zeigen
empört auf einen, der ihren Schmutz bemerkt, und
nennen ihn den Nestbeschmutzer.»
Max Frisch, 1981

Inhalt

Der Überfall

Rudolf Elmer war müde an diesem Mittwochabend des 19. Januar 2011, und als er mit seiner Frau Heidi und einem Freund in den Wagen stieg, ahnte er nicht, dass dieser Tag noch lange nicht zu Ende sein würde.

Am Morgen war er als freier Mann aufgestanden, am Nachmittag sprach er als Experte zur Weltpresse, am Abend verliess er das Gericht in Zürich als verurteilter Straftäter. Elmer stellte sich mit seiner Anwältin auf die Treppe vor dem Gerichtsgebäude und liess seinen Blick schweifen: Kameramänner richteten ihre Scheinwerfer auf ihn, Fotografinnen schauten durch den Sucher, Reporter hielten Stift und Papier bereit – alle warteten auf ein paar Worte des Helden und Verräters. Aber Rudolf Elmer, der 55-jährige Mann mit Buchhalterbrille, dessen Geschichte ihm schon vor langer Zeit tiefe Furchen auf die Stirn gezeichnet hatte, stand bloss da und schwieg in die Mikrofone.

Es war dunkel geworden in Zürich, obwohl es erst sechs Uhr abends schlug. Die Luft war feucht und roch nach Schnee. Elmer war froh, dass seine Frau das Auto ganz in der Nähe parkiert hatte. Er war erschöpft und niedergeschmettert. Er wollte nur noch nach Hause.

Heidi Elmer steckte den Schlüssel in das Zündschloss des silbernen VOLVO und liess den Motor anlaufen. Sie steuerte den Wagen auf die Autobahn in Richtung Rorbas, einem kleinen Dorf im Zürcher Unterland, dreissig Fahrminuten von der Stadt entfernt. Rudolf Elmer sass auf dem Beifahrersitz, der Freund auf der Rückbank. Warmer Wind drang durch die Lüftung. Im Auto war es ruhig. Nur hin und wieder wagte jemand, die Stille mit einer Frage zu durchbrechen. War es eine gute oder schlechte Verhandlung gewesen? Wie war das Plädoyer der Staatsanwältin? Und wie der Auftritt Elmers?

Den ganzen Tag über hatten die drei konzentriert zugehört. Jetzt waren sie erschöpft. Sie mussten erst einmal darüber nachdenken, was der Schuldspruch bedeutete.

Der VOLVO bog zur Tiefgarage des Mehrfamilienhauses ab, in dem die Elmers wohnten. Heidi Elmer trat auf die Bremse, liess das Fenster runter und öffnete das Garagentor mit einem Schlüssel. Dabei sah sie, wie hinter ihr ein dunkler Wagen hielt. Sie dachte sich nichts dabei: Die Tiefgarage der Wohnüberbauung hatte etwa vierzig Parkplätze, da kam es hin und wieder vor, dass zwei Wagen gleichzeitig in die Garage fuhren.

Sie wartete, bis das Tor offen war, bog in der Garage rechts ab und rollte langsam zum hintersten Parkplatz. Das dunkle Fahrzeug folgte im Schritttempo. Sie parkierte den Wagen und schaltete die Scheinwerfer aus. Rudolf Elmer öffnete die Tür und stieg als Erster aus.

Da flogen plötzlich die Türen des dunklen Wagens auf und vier Männer sprangen raus. Ehe Rudolf Elmer einen klaren Gedanken fassen konnte, sah er, wie einer der Männer die Pistole zückte.

Ganden Tethong muss zu dieser Zeit gerade zu Hause angekommen sein. Elmers Anwältin hatte nach dem Urteil kurz mit ihrem Mandanten geredet und die beiden hatten beschlossen, Berufung einzulegen. Das Urteil war also noch nicht rechtskräftig, das letzte Wort noch nicht gesprochen. Aber sie wollten den Tag erst verarbeiten, in Ruhe über alles nachdenken und die Berufung erst dann einlegen – schriftlich, wohlüberlegt – und nicht in der Eile den wartenden Journalisten hinwerfen.

Frühmorgens hatte die 46-Jährige ihren Mandanten Rudolf Elmer am Stauffacher in Zürich-Aussersihl getroffen, um von dort aus mit ihm und Niklaus Scherr, einem Politiker und Unterstützer Elmers, die letzte Station im Tram bis zum Gericht zu fahren. Am Vortag hatte Elmer Tethong gewarnt, dass der Prozess auf grosses Medienecho stossen würde. Aber sie hatte ihm nicht so recht geglaubt. Das Interesse hatte sich in den vergangenen sechs Jahren, in denen sie Elmer vertrat, in Grenzen gehalten. Sie dachte: Hoffentlich ist er am Ende nicht enttäuscht, wenn niemand aufkreuzt.

Elmer sah an diesem Morgen ganz wie der Banker aus, der er vor vielen Jahren einmal gewesen war: glattrasiert, lachsfarbenes Hemd, rote Krawatte, dunkler Anzug. Darüber trug er einen dunkelblauen Mantel. Die Brust heraus-, den Kopf hochgestreckt, wirkte er wie ein selbstbewusster Mann, der das Recht auf seiner Seite wusste. Tethong erschien in einem knallroten Mantel und hatte sich einen schwarzen Schal um den Hals gebunden. Die Aktentasche mit ihrem Plädoyer und anderen Gerichtsunterlagen hatte sie sich über die Schulter gehängt. Als die beiden kurz vor acht Uhr aus dem Tram stiegen, wurden sie von einem Meer von Kameras und Mikrofonen verschluckt. Reporter bestürmten sie. Ein Blitzlichtgewitter ergoss sich über den Angeklagten und seine Anwältin. Sie mussten sich regelrecht durch die Kameras und Mikrofone kämpfen, um zum Gerichtsgebäude zu gelangen.

Fünf Jahre hatte die Zürcher Staatsanwaltschaft gegen Rudolf Elmer ermittelt, fünf Jahre hatte Elmer versucht, sie davon zu überzeugen, dass sie gegen den Falschen vorging. Die Anklägerin Alexandra Bergmann und der Angeklagte

Rudolf Elmer kämpften auf verschiedenen Feldern und mit ungleichen Mitteln: sie im Gerichtssaal, er in der Öffentlichkeit. Und ihre Sicht der Dinge hätte nicht unterschiedlicher sein können.

Bergmann warf Elmer Drohung, Nötigung und Bankgeheimnisverletzung vor. Elmer prangerte die Geschäftspraktiken der Schweizer Banken an.

Bergmann stellte ihn als rachsüchtigen Ex-Bankmanager dar. Elmer bezeichnete sich als Whistleblower.

Bergmann malte das Bild eines Wiederholungstäters, eines unbelehrbaren Kriminellen, da er nur zwei Tage vor dem Prozess in Zürich nach London gereist war, um dem WIKILEAKS-Gründer Julian Assange zwei Daten-CDs mit Bankunterlagen zu übergeben. Elmer sah sich als Kämpfer einer gerechten Sache, der Licht in die «Verschleierungs- und Verdunkelungsoasen» auf den Cayman Islands und anderen Steuerparadiesen brachte.

Ganden Tethong kannte Elmers Sicht der Dinge. Sie wusste, dass er kein gewöhnlicher Bankangestellter war, der grau durchs Leben gegangen war. Elmer war ein Aufsteiger. Er hatte immer das Neue, das Aufregende gesucht. Er hatte sich aus einem Arbeitermilieu zum Chief Operating Officer einer der grössten und ältesten Schweizer Privatbanken hochgearbeitet. Fünfzehn Jahre war er im Dienst der Bank JULIUS BÄR gestanden, zunächst in Zürich, dann auf den Cayman Islands in der Karibik. Ein Konflikt führte zur Kündigung. Elmer überwarf sich mit der Bank, weniger wegen der Entlassung als wegen der Art und Weise des Rausschmisses. Es folgte ein jahrelanger Streit zwischen der Bank und ihrem ehemaligen Angestellten, bei dem es auf beiden Seiten zu fiesen Tricks und üblen Episoden kam.

Elmers Fall war für Tethong eine neue Erfahrung. Die Rechtsanwältin, auf Wirtschaftsstrafrecht spezialisiert, war es sich gewohnt, diskret zu arbeiten, auf die Sache bezogen, ohne dass die Medien im Live-Ticker aus dem Gerichtssaal berichteten. Aber dieser Fall war anders: der grosse Aufwand der Ermittler, die lange Dauer des Verfahrens, das ausserordentliche Echo. Vor dem Gerichtsgebäude warteten Demonstranten mit einem Transparent: «Den Ruedi will man hängen, Kaspar lässt man laufen» – eine Anspielung auf den ehemaligen Finanzminister Kaspar Villiger, der als Verwaltungsratspräsident der Grossbank UBS mit dem Segen der Schweizer Regierung Kundendaten an die US-Justizbehörden geliefert hatte.

Tethong versuchte, all das auszublenden: Ihr Job war es, Elmer im Gerichtssaal zu verteidigen, nicht in den Zeitungsspalten. Sie musste die Sache nüchtern angehen. Und nüchtern betrachtet hatte die Staatsanwaltschaft die Sache gehörig vermasselt.

Fünf Jahre hatte die Staatsanwältin Alexandra Bergmann ermittelt. Dann erhob sie im Juni 2010 Anklage gegen Rudolf Elmer. «Nötigung etc.» lautete der Vorwurf in der Anklageschrift. Es ging einerseits um wüste Drohmails und nächtliche Telefonanrufe. Andererseits ging es um die letzten Zuckungen eines Schweizer Geschäftsmodells: des Bankgeheimnisses. Jahrzehntelang hatte es dem Schweizer Finanzplatz riesige Profite beschert, seit der Finanz- und Wirtschaftskrise ab 2007 aber vor allem jede Menge Probleme. Die Staatsanwaltschaft warf Elmer vor, in den Jahren 2004 und 2005 geheime Bankdaten der JULIUS BÄR an verschiedene Schweizer Steuerbehörden sowie an eine Wirtschaftszeitung geschickt zu haben.

Die erste Frage, die sich in einem Strafverfahren stellt, ist nicht die nach der Schuld, sondern die nach der Zuständigkeit: War die Schweiz in diesem Fall überhaupt die richtige Stelle? War Schweizer Recht anwendbar?

Seit dem ersten Tag, als Ganden Tethong den Fall Elmer übernommen hatte, beantwortete sie diese Frage mit einem klaren Nein. Rudolf Elmer hatte bei einer Bank auf den Cayman Islands gearbeitet; ihm wurde vorgeworfen, er habe Bankdaten aus Cayman Islands mitgenommen und an Steuerbehörden und Medien verschickt; selbst die Staatsanwältin sprach in der Anklageschrift stets von «Cayman-Daten». Wenn schon, dann war das hier ein Cayman-Fall. Ungeachtet der Frage, ob ihr Mandant die vorgeworfenen Taten begangen hatte: Tethong war der Ansicht, dass das Schweizer Bankgeheimnis nicht zur Anwendung kam.

Nach und nach war deutlich geworden, dass es im Verfahren gegen Rudolf Elmer nicht bloss darum ging, ob er sich nach Schweizer Recht strafbar gemacht hatte. Der Fall hatte eine weitere Dimension: Es durfte nicht sein, dass einer wie Elmer ungeschoren davonkam.

Der Eindruck verstärkte sich, als die Staatsanwältin Alexandra Bergmann an jenem Mittwochmorgen des 19. Januar 2011 das Wort ergriff und sogleich den ganzen Gerichtssaal in helle Aufregung versetzte, weil sie aus dem einen Fall gleich einen zweiten machte.

Ob es stimme, fragte sie Elmer vorwurfsvoll, dass er vor zwei Tagen in London gewesen sei, um Julian Assange geheime Bankdaten zu übergeben?

Elmer war am Montag tatsächlich gemeinsam mit dem WIKILEAKS-Gründer aufgetreten und hatte ihm vor laufenden Kameras eine gelbe und eine blaue CD in die Hand gedrückt. Mit dem eigentlichen Gerichtsverfahren hatte das aber nichts zu tun – Elmer war hier, weil er mutmasslich

Drohmails geschrieben und Bankdaten verschickt hatte. Die Staatsanwältin hatte den Auftritt jedoch als Provokation empfunden. Elmer habe offensichtlich keine Lehren aus der Vergangenheit gezogen, sagte sie im Gerichtssaal. «Der Beschuldigte hat am Montag in aller Öffentlichkeit abermals neuere oder ältere Daten mit Angaben von angeblichen Steuersündern der Internetplattform WIKILEAKS beziehungsweise Julian Assange in London übergeben.» Es bestünden deshalb begründete Bedenken an Elmers Gesinnung und eine blosse Bewährungsstrafe reiche nicht aus: Statt acht Monaten bedingt verlangte sie eine Strafe von acht Monaten unbedingt. «Er foutiert sich in jeglicher Hinsicht um die geltenden Gesetze», klagte die Staatsanwältin, obwohl sie den Inhalt der CDs gar nicht kennen konnte. Elmer habe mit der Übergabe der CDs «auch gegenüber dem Gericht seine Missachtung» gezeigt.

Der Richter folgte dem Antrag nicht: Elmers Pressekonferenz in London habe nichts mit diesem Verfahren zu tun, sagte er. Aber in diesem Moment hätte Tethong vielleicht ahnen können, dass etwas nicht stimmte, zumal sie und Elmer kurz zuvor eine merkwürdige Begegnung gehabt hatten: In den Gängen des Gerichtsgebäudes trafen sie einen Polizisten, den sie von den Ermittlungen kannten. Tethong war erstaunt. Es kommt nicht oft vor, dass ermittelnde Polizisten im Gerichtssaal sitzen. Aber sie hatte sich mittlerweile daran gewöhnt, dass Elmers Fall anders war: grösser, aufwendiger, teurer als andere Gerichtsverfahren. Die Untersuchungsakten umfassten schon dreizehn Bundesordner. In den nächsten Jahren sollten weitere achtzehn Bundesordner dazukommen. Eigentlich war das Verhältnisblödsinn: Es ging nicht um ein Kapitalverbrechen – die ursprünglich geforderte Strafe betrug lediglich acht Monate bedingt. Und dennoch hatten sich die Ermittlungen über die Schweiz, die Cayman Islands,

Jersey, Isle Of Man und Mauritius erstreckt. Es war ein internationales Verfahren von gigantischem Ausmass, dessen Kosten langsam, aber sicher die Millionengrenze überschritten hatten.

Viel später, als Tethong sich durch die Papierberge der Justiz wühlte, würde sie herausfinden, dass der Polizist an diesem Tag nicht aus persönlichem Interesse erschienen war, sondern einen dienstlichen Auftrag hatte: Er war Teil eines Teams, das Elmer den ganzen Tag über beschattete.

Die Polizisten waren dabei, als Elmer am Morgen vor dem Gerichtsgebäude von Kameraleuten gejagt wurde. Sie waren dabei, als er nach dem Prozess mit seiner Anwältin zum Mittagessen ging. Sie waren dabei, als er am Nachmittag an einer Pressekonferenz vom Ugland House in Georgetown, Cayman Islands, erzählte, einem vierstöckigen Gebäude, in dem 19 000 Briefkastenfirmen registriert waren und über das der US-amerikanische Präsident Barack Obama einmal gescherzt hatte, dass es entweder das grösste Gebäude oder der grösste Steuerbetrug der Welt sein müsse. Und sie waren dabei, als Rudolf Elmer, Ehefrau Heidi und der gemeinsame Freund um 18 Uhr in den silbernen VOLVO V70 stiegen und in Richtung Zürcher Unterland losfuhren.

Jetzt ist es aus, dachte Elmer, als er die gezückte Pistole sah. Jetzt stellen sie mich an die Wand und machen mich fertig. Lausig, wie in einem billigen Krimi: Sie erledigen mich in einer dunklen Ecke einer Tiefgarage.

Dann rief einer «Kantonspolizei!», schritt auf Elmer zu und tastete ihn ab. Jetzt stiegen auch Heidi Elmer und der Freund aus dem Wagen. Heidi fragte sich noch: Was hat die

Polizei hier verloren, wir kommen doch gerade aus dem Gerichtssaal? Da klickten schon die Handschellen.

Niemand sagte etwas, und Elmer fühlte sich erleichtert: Es war bloss die Polizei.

Die Polizisten nahmen die Personalien des Familienfreunds auf und schickten ihn nach Hause. Sie erklärten Heidi und Rudolf Elmer, dass sie nun ihr Haus durchsuchen würden, und begleiteten die beiden durch die Wohnsiedlung.

Elmers Hündin bellte wie wild, wie immer, wenn sich jemand dem Haus näherte. Die Polizisten nahmen Elmer die Handschellen ab, weil drinnen die elfjährige Tochter auf ihre Eltern wartete. Heidi trat in die Wohnung und beruhigte sie: «Wir gehen jetzt zu einem Freund.» Dann ging sie mit ihr zum Wagen und fuhr los. Elmer blieb mit der Polizei in der Wohnung.

Um etwa 22 Uhr erkundigte sich Heidi Elmer, ob sie wieder zurückkommen könnten. Die Tochter habe am nächsten Tag eine Prüfung und müsse ins Bett. Die Polizei willigte ein. Mutter und Tochter warteten also im oberen Stock, während sich die Beamten noch immer durch Elmers Unterlagen wühlten. Am Ende beschlagnahmten sie fünf Kisten Akten.

Dann, bevor Rudolf Elmer abgeführt wurde, holten die Polizisten die Tochter, damit sie sich von ihrem Vater verabschieden konnte. Elmer beschwichtigte, er sei in zwei Tagen bestimmt wieder draussen. Sie schoss ein Foto. Die nächsten sechs Monate sollte sie ihn nicht mehr zu Hause sehen.

Laut Haftrapport wurde Rudolf Elmer am 19. Januar 2011 um 18.30 Uhr in seiner Tiefgarage verhaftet und später ins provisorische Polizeigefängnis in Zürich gebracht – nur einen Steinwurf vom Gericht entfernt, wo er wenige Stunden zuvor in einem ersten Verfahren wegen Drohung, Nötigung und Bankgeheimnisverletzung zu einer bedingten Geldstrafe von 7200 Franken verurteilt worden war.

Jetzt aber sperrten sie Elmer wegen neuer Anschuldigungen hinter Gitter: Wieder warf man ihm eine Verletzung des schweizerischen Bankgeheimnisses vor – diesmal, weil er Julian Assange zwei CDs übergeben hatte. Wieder fühlte sich Rudolf Elmer zu Unrecht beschuldigt. Im Haftrapport hiess es: «Gestützt auf den Vorführungsbefehl der Staatsanwaltschaft III des Kantons Zürich, Abt. Wirtschaftsdelikte, betreffend Bankgeheimnisverletzung (Art. 47 BankG), wurde Rudolf Matthias ELMER, 01.11.1955, zur genannten Zeit an vorerwähnter Örtlichkeit durch die Funktionäre S./S./G./M. der Kantonspolizei Zürich arretiert. Im Anschluss wurde im Beisein des Staatsanwaltes lic. iur. Crameri eine Hausdurchsuchung durchgeführt. Danach wurde Rudolf Matthias ELMER zwecks Aktenerstellung in die Dienststelle begleitet und dort der vorgenannten Amtsstelle zugeführt.»

Bei Ganden Tethong klingelte das Telefon. Es war Heidi Elmer: Sie haben den Ruedi verhaftet!

Fast zur gleichen Zeit erhielt auch Niklaus Scherr einen Anruf. Am Draht war der Familienfreund der Elmers, der gerade Zeuge der Verhaftung geworden war und danach zum Telefon gegriffen hatte. «Als ich hörte, was geschehen war», erzählt Scherr, «da bekam ich eine richtige Wut. Kurz nach 21 Uhr kam dann die Medienmitteilung der Staatsanwaltschaft und ich dachte: Diese verdammten Feiglinge! Die halbe Medienwelt war am Prozess gegen Elmer versammelt. Und die haben nicht mal den Mut, ihn vor dem Gerichtssaal zu verhaften, sondern sie packen ihn bei Nacht und Nebel, fernab der Öffentlichkeit, versteckt in einer Tiefgarage. Die Verhaftung von Rudolf Elmer war infam, fies und hinterlistig.»

Der linke Politiker Scherr hatte den Banker Elmer etwa ein Jahr vor seiner Verhaftung kennengelernt. Der Finanzjournalist Gian Trepp, der Elmers Fall seit 2005 eng begleitete, machte ihn darauf aufmerksam. Scherr reagierte zunächst wie die meisten, wenn sie den Namen Rudolf Elmer hörten: mit Skepsis und Zurückhaltung. «Ich las das eine oder andere im Internet – und wurde unsicher. Elmer wurde als Intrigant dargestellt, als dubiose Figur. Also war ich vorsichtig.»

Trotzdem willigte Scherr in ein gemeinsames Mittagessen mit Trepp und Elmer ein. Zwei Stunden diskutierten die drei und Scherrs anfängliche Skepsis verflog rasch. Nach weiteren Treffen fand Scherr: Doch, da ist Fleisch am Knochen. Und: Dieser Mann braucht politische Unterstützung.

«Bei Elmer interessieren sich viele nicht für die Fakten. Er polarisiert und wird dann – je nach Meinung – instrumentalisiert: Für die einen ist er ein Robin Hood, der die ‹Gnomen von Zürich› in die Knie zwingt. Dieses Bild wird vor allem in der internationalen Presse von ihm gezeichnet. Für die anderen, besonders in der Schweiz, ist Elmer ein Nestbeschmutzer, ein Verräter. Die Schweizer Medien reagieren unglaublich allergisch auf ihn. Seit jeher herrscht die kollektive Meinung, dass Elmer ein Sauhund sei. Vielleicht bringe ich auch deshalb eine gewisse Empathie für Ruedi auf, weil ich als linker Politiker früher selber ähnlich verunglimpft wurde. Wobei das für mich nie so schlimm war wie für ihn: Wenn man von Beginn weg in der Opposition steht, dann ist das etwas anderes, als wenn man einem System abtrünnig wird wie Elmer. Dann erhält die Ächtung eine andere Qualität. Deshalb wurde Elmer von den Medien auch immer so stark psychologisiert. Man fragte sich: Wie kann einer aus diesem Bankerparadies so abdriften? Dieser Mensch musste ein Versager sein, einer mit negativen Motiven. Als der Prozess im Januar 2011 anstand, erhielt ich am Vortag einen Anruf von einem Journalisten des SCHWEIZER FERNSEHENS. ‹Herr Scherr›, sagte er mir, ‹ich habe verfolgt, was Sie politisch so machen, und ich finde, Sie sind ja eigentlich eine ganz seriöse Person. Aber warum machen Sie jetzt eine Pressekonferenz für so einen Kriminellen?› Das war wie ein Ratschlag: Halten Sie sich fern von diesem Verbrecher! Immer wieder kamen Leute zu mir und sagten: ‹Niggi, da kannst du dir nur die Finger verbrennen.› Aber ich habe mich immer gefragt, warum Elmers Person so stark im Vordergrund steht und nicht seine Enthüllungen. Rudolf Elmer war so etwas wie ein Whistleblower zur Unzeit: Als er Missbräuche meldete, wurde er nicht gehört. Die Steuerbehörden und die Medien wollten nichts davon wissen. Dann kam die Verfolgung seiner Familie. Aber auch das interessierte niemanden. In den Nullerjahren waren die Schweizer Banken einfach über jeden Zweifel erhaben. Für Elmer war das zu Beginn also wirklich vor allem eine persönliche Geschichte. Er hatte das Bedürfnis, eine Ungerechtigkeit zu beseitigen, sich gegen die Einschüchterungen der Bank zur Wehr zu setzen. Erst schrittweise kam das Anliegen, auch strukturelle Probleme des Finanzsektors offenzulegen. In den mehr als zehn Jahren, die das Ganze schon andauert, war Elmer in meinen Augen immer wieder von einem Motiv geleitet: Er muss sich und seine Familie schützen. Die Öffentlichkeit ist für ihn ein Mechanismus, mit dem er einen Trumpf in der Hand hält: Wenn ihr mich weiter drangsaliert, dann verrate ich eure Geheimnisse.»

Ein Zürcher Spion im karibischen Piratennest

Am 28. Februar 1995 wurde in Mexiko der Geschäftsmann Raúl Salinas, der Bruder des ehemaligen Präsidenten Carlos Salinas, wegen Mordverdachts verhaftet. Bei einem Verhör fragte man ihn, ob er einen gewissen Juan Guillermo Gómez Gutiérrez kenne.

Raúl Salinas verneinte.

Neun Monate später, am 15. November 1995, betraten Raúl Salinas' Ehefrau Paulina und ihr Bruder Antonio die Schalterhalle einer Bank in Genf und versuchten, 84 Millionen US-Dollar abzuheben. Das Konto, von dem sie diese Summe beziehen wollten, lief weder auf den Namen von Paulina noch auf den Namen ihres Bruders Antonio.

Das Konto lautete auf den Namen von Juan Guillermo Gómez Gutiérrez.

Also legte Paulina einen Pass mit dessen Namen vor. Aber das Foto im Pass zeigte nicht ihn, sondern das Gesicht von Raúl Salinas, ihrem Ehemann.

Paulina und ihr Bruder wurden noch am gleichen Tag verhaftet.

Nur zwei Wochen später bestieg Carla del Ponte, Bundesanwältin und spätere Jägerin von Kriegsverbrechern, gemeinsam mit ihrem Kollegen Valentin Roschacher ein Flugzeug nach Mexiko. Sie hatte einen wichtigen Termin im Hochsicherheitsgefängnis von Almoyola de Juárez, wo später

Drogenbarone wie Joaquín «El Chapo» Guzmán einsitzen würden. Sie traf dort Paulinas Ehemann Raúl Salinas.

Salinas entschuldigte sich gleich zu Beginn des Gesprächs «bei der Schweizer Regierung und den Finanzinstituten dieses Landes». Er habe seit jeher eine besondere Beziehung zur Schweiz gepflegt: Paulina habe hier die Schule besucht, seine zwei Kinder waren deswegen ebenfalls in der Schweiz, seine Neffen hatten im Alpenland studiert. Er selber kannte das Land von Reitturnieren.

Er dankte Gott, dass seine Frau in der Schweiz und nicht in Mexiko verhaftet worden war. Und dann gab er ausführlich Auskunft über seine Vermögensverhältnisse in der Schweiz. Unter verschiedenen Pseudonymen hielt er Konten bei der Privatbank PICTET in Genf, bei CITIBANK in Zürich und – bei JULIUS BÄR. Den Namen einer vierten Bank hatte er vergessen.

Das PICTET-Konto lief unter dem erfundenen Namen Juan Guillermo Gutiérrez Gómez, ein anderes unter dem Namen Juan José González Cadena, dann gab es eines unter Dozart, eines unter Noborona und bei JULIUS BÄR eines unter seinem richtigen Namen: Raúl Salinas.

Die Affäre Salinas gehörte zu den grössten Geldwäschereifällen der Schweiz: Raúl Salinas wurde beschuldigt, über 100 Millionen US-Dollar aus Mexiko geschafft und weltweit auf zahlreiche, teilweise unter falschem Namen eröffnete Konten verteilt zu haben. Die Presse bezichtigte ihn der Korruption und des Drogenhandels. Von einem seiner Grundstücke in Mexiko sollen Flugzeuge voller Kokain in die USA geflogen sein. Doch Salinas bestreitet bis heute jegliche Verbindung zu Drogenkartellen.

In Mexiko verurteilte ihn ein Gericht, weil er einen Mord an seinem ehemaligen Schwager in Auftrag gegeben haben soll. Er wurde 1995 zu 27 Jahren Haft verurteilt. Zehn Jahre später hob ein Gericht das Urteil wieder auf, Salinas wurde vom Mordvorwurf freigesprochen und auf freien Fuss gesetzt.

Auch die Schweizer Verfahren verliefen im Sand. Die Bundesanwaltschaft stellte ihre Ermittlungen gegen Salinas 1998 ein. Und vier Jahre später überstellte die Genfer Justiz, die den Fall übernommen hatte, über 300 Bundesordner Ermittlungsakten nach Mexiko – ohne Ergebnis.

Im Juli 2013 wurde Salinas auch im letzten Anklagepunkt der unrechtmässigen Bereicherung freigesprochen und erhielt 19 Millionen US-Dollar zurück. Das Urteil sorgte für einen Aufschrei und gilt der mexikanischen Bevölkerung als Symbol für die Straflosigkeit der Eliten in einem zerfallenden Staat. Das US-Magazin FORBES setzte Salinas daraufhin auf eine Liste der zehn korruptesten Mexikaner.

Als die Salinas-Affäre aufflog, hatte sich Rudolf Elmer gerade langsam in der Karibik eingerichtet. Er war Chefbuchhalter des Ablegers von JULIUS BÄR auf den Cayman Islands, einer karibischen Inselkette, die ihre weltweite Bekanntheit zwei Eigenheiten zu verdanken hat: fabelhaften Sandstränden und dem Bankgeheimnis.

Elmer erinnert sich noch genau, wie er in dieser Zeit ein Gespräch von Verwaltungsratsmitgliedern hörte. «Ein Riesengeschrei war das», sagt Elmer rückblickend. Die Konten bei JULIUS BÄR, so erzählte Raúl Salinas den Bundesanwälten, waren nämlich von einem gewissen «Mr. Curtis» in Mexiko eröffnet worden, mutmasslich dem Vermögensverwalter

C.L., der damals in der Mexiko-Filiale der Bank JULIUS BÄR arbeitete und heute an der Zürcher Goldküste lebt. Die Bundesanwaltschaft ermittelte in der Folge gegen C.L., stellte das Verfahren später aber ein. Im Sommer 2008 händigte die Schweiz die von Salinas beschlagnahmten Gelder, insgesamt knapp 80 Millionen US-Dollar, an die mexikanische Regierung aus.

Die Details und die Hintergründe dieser Geschichte würde Elmer erst Jahre später erfahren – nach einem Fahrradunfall, nach einem Lügendetektortest und nach einer Kündigung, als er in geheimen Unterlagen der Bank wühlte und dabei je länger desto mehr zur Überzeugung kam, dass die Geschäfte in der Karibik viel weniger paradiesisch waren, als er anfangs geglaubt hatte.

Westafrika oder Karibik? Nigeria oder Cayman Islands? Beide Länder sagten Elmer nicht viel. Als der Chef ihn fragte, ob ihn die freie Stelle als Chefbuchhalter auf den Cayman Islands nicht interessieren würde, dachte Elmer bloss: Cayman – liegt das nicht irgendwo im Süden?

Das war 1993, Elmer war 38 Jahre alt und arbeitete seit sechs Jahren in der Revisionsabteilung von JULIUS BÄR in Zürich. Er mochte die Arbeit, aber es war Zeit für einen Tapetenwechsel: weg von der Revision, weg von der Bank, vielleicht in die Industrie? Elmer bewarb sich auf ausgeschriebene Stellen. Ein Transportunternehmen hätte ihn gerne nach Nigeria geschickt. Der Lohn war verlockend, aber Elmer hatte Sicherheitsbedenken: Man hätte ihm einen Bodyguard zur Seite gestellt. Das war nicht der Neuanfang, den er suchte.

Elmer flog stattdessen in die USA, besuchte das New Yorker Büro von JULIUS BÄR, das eng mit Cayman zusammenarbeitete, dann weiter in die Karibik, wo er sich das neue Umfeld ansah. Die Mitarbeiter schienen so freundlich wie die karibische Sonne. Elmer fiel zwar auf, dass die Büroausstattung schlecht und die EDV katastrophal war – zehn Jahre Rückstand, mindestens. Aber Karibik, Sandstrände, Tauchgänge – warum nicht?

Rudolf Elmer stammt aus einfachen Verhältnissen: Der Vater war Lokführer, die Mutter Hausfrau. Er wuchs mit zwei jüngeren Brüdern in einer Wohnung am Röntgenplatz im Zürcher Kreis 5 auf, einem Industrie- und Arbeiterviertel. Elmer schaffte es als Erster in der Familie aufs Gymnasium. Nach Abschluss der Handelsmittelschule an der Kantonsschule Freudenberg machte er ein Praktikum bei der CREDIT SUISSE. Er verlängerte. Und verlängerte. Und nach vier Jahren dachte Elmer: Vielleicht sollte ich mich zum Wirtschaftsprüfer ausbilden lassen.

Er wechselte zu FIDES, so hiess die Revisionsgesellschaft KPMG damals, fiel einmal durch die Prüfung («wahrscheinlich, weil ich zu viel arbeitete»), bestand im zweiten Anlauf und prüfte fortan die Bücher von grossen Industriebetrieben wie BÜHLER oder CONTRAVES.

1987 trat Elmer, im Militär Hauptmann vom Rang, bei JULIUS BÄR eine Stelle in der Revision an. Seine Mutter arbeitete schon dort – als Putzfrau und «Hausdame», wie sie jeweils sagte – in der Direktion der Bank und hin und wieder auch bei den Besitzern, der Familie Bär. 25 Jahre lang arbeitete sie für die Bärs. Elmer hing das nicht an die grosse

Glocke. Er wollte nicht, dass es heisst, er sei durch irgendwelche Beziehungen mit der Familie Bär in die Bank ge-
rutscht. «Ich habe mich ganz gewöhnlich auf ein Stellen-
inserat beworben», sagt Elmer. «Das war eine rein professi-
onelle Beziehung.» Mit der Zeit wussten die Leute aber, wer
Elmers Mutter war. Man traf sich ja auf dem Gang und dann
konnte Elmer nicht «Grüezi, Frau Elmer» sagen.

Und jetzt, 1994, also Cayman Islands. Bevor Elmer in
das Flugzeug stieg, besuchte er einen Tauchkurs im Zürichsee. Ehe er in der Karibik unter Wasser ging, wollte er alle An-
weisungen wenigstens einmal auf Deutsch gehört haben.
Der See war so düster, dass man kaum die eigene Hand vor
Augen sah. Höhepunkt des Tauchgangs war der Fund eines
rostigen Fahrrads auf dem Grund des Zürichsees.

Die Cayman Islands sind ein kleines Paradies. In jeder Hinsicht. Sie bestehen aus einer Gruppe kleiner Inseln. Weisse
Palmenstrände, türkisblaues Meer, gleichförmige Vegeta-
tion. Die Hauptinsel, Grand Cayman, hat nur ein paar kleine
Erhebungen: felsige Klippen, vulkanisches Gestein. Grand
Cayman ist so klein wie der Kanton Zug. An einigen Stellen
ist die Insel so schmal und flach, dass man die Kreuzfahrt-
schiffe an der anderen Inselseite vorbeifahren sehen kann.

Auf den rund 260 Quadratkilometern leben bloss 50 000
Menschen, aber die Insel beheimatet rund 95 000 Firmen.
Das Bruttoinlandprodukt pro Kopf beträgt rund 50 000 US-
Dollar, so viel wie das der USA. Die Insel erhebt keine Steuern.
Sie finanziert sich grossteils über Gebühren für Importe,
Unternehmensregistrierungen oder Arbeitsbewilligungen.
Die Cayman Islands gelten mit rund 200 Banken, 140 Trust-

firmen und 10 000 Fonds als sechstgrösster Finanzplatz der Welt mit Anlagen im Wert von rund 1400 Milliarden US-Dollar. Vor allem aber sind sie einer der verschwiegensten: ein klassisches Steuerparadies.

Gute Zahlen schreiben, keine unnötigen Fragen stellen und kein Aufsehen erregen: *Keep Zurich happy,* das war das inoffizielle Motto des Cayman-Ablegers von JULIUS BÄR. Doch Elmer hatte seine liebe Mühe damit. Cayman war das Gegenteil seiner Persönlichkeit: Er war präzis, detailversessen, fast schon pedantisch. Er war Junggeselle und neu auf der Insel. Elmer arbeitete viel. Allein im ersten Jahr, sagt er, habe er mehrere hundert Überstunden angehäuft.

Zum Arbeitsantritt erhielt er von der Bank einen weissen Sportwagen geschenkt, mit dem er jeden Tag zu einem schmucklosen blauen Klotz fuhr, in dem die Bank ihre Büros hatte. Nichts deutete von aussen darauf hin, dass hier Millionensummen verwaltet wurden. Aber der Cayman-Ableger von JULIUS BÄR war eine regelrechte Geldmaschine.

Cayman war leger, chaotisch, gemütlich. Die Leute erschienen in kurzärmeligen Hemden zur Arbeit, im Faxgerät füllten sie das Papier nicht nach, Besprechungen verlegten sie auf den Golfplatz. Elmer kam sich vor wie ein Streifenpolizist auf einer wildgewordenen Party. So hatte es sich der pingelige Revisor aus Zürich nicht vorgestellt.

Es waren Kleinigkeiten, aber Elmer schüttelt noch heute, fast zwanzig Jahre später, verständnislos den Kopf, wenn er erzählt, wie eine Mitarbeiterin einmal einen Brief nach Zürich schickte und ihn mit Dr. Thomas Beer statt Baer adressierte. Oder wenn er an die Unordnung in den Büros denkt:

«Wir hatten eigentlich eine *Clear desk policy*. Aber überall lagen Akten rum, Schachteln voller Kundendaten, und nach Feierabend kam das Putzpersonal und sollte zwischen den verstreuten Akten saubermachen.»

Hinzu kam, dass Elmer nicht gerade den Eindruck hatte, dass man ihn mit offenen Armen empfing. Er spürte ein Misstrauen der Kollegen, wohl, weil er aus der Schweiz kam und man es lieber hatte, wenn Zürich nicht zu genau über die Gepflogenheiten auf Cayman Bescheid wusste. Das ist zumindest Elmers Blick zurück auf sich und diese Zeit: ein Zürcher Spion im karibischen Piratennest.

Zweimal im Jahr kehrte Elmer zurück in die Schweiz. Er hatte einen guten Draht zur Bankleitung, rapportierte direkt an die Familie Bär. Man war zufrieden mit seiner Arbeit. Wenn Elmer in Zürich war, besuchte er abends hin und wieder den akademischen Tanzsportklub Zürich. Dort lernte er seine spätere Frau Heidi kennen. Sie tanzten zusammen, gingen ein paar Mal miteinander aus. Rudolf war eigentlich nicht Heidis Typ: Er war ein klassischer Buchhalter, immer gut angezogen, korrekt bis ins letzte Detail. Er kam zum Tanzen und verschwand gleich wieder. Oft war er gestresst – von der Arbeit, von der Ausbildung zum Wirtschaftsprüfer. Am sozialen Leben des Tanzvereins nahm er fast nie teil. «Ich war anfangs nicht so scharf auf diesen *i-Tüpfelchen*-Menschen.»

Rudolf fragte Heidi dennoch, ob sie ihn nicht besuchen wolle. Sie zögerte. Dann buchte sie einen Flug in die Karibik.

Heidi Elmer kam als Teenagerin nach Zürich. Aufgewachsen war sie im bayrischen Augsburg in einem religiösen Elternhaus, ihr Vater war lutherischer Pfarrer. Wie Rudolf ist auch sie eine Aufsteigerin. Sie machte erst eine Ausbildung zur Physiotherapeutin, arbeitete in einem Spital und holte dann die Matura auf dem zweiten Bildungsweg nach. Sie studierte Medizin, brach das Studium ab, wechselte in die Pädagogik. Als sie Rudolf Elmer das erste Mal auf den Cayman Islands besuchte, steckte sie noch mitten im Studium.

Es waren vier Wochen Ferien. Mehr nicht. Das glaubte Heidi Elmer wenigstens, als sie ins Flugzeug stieg. «Ich hatte nie die Absicht, auf die Cayman Islands zu ziehen. Ich war 33 Jahre alt, hatte ein Studium begonnen und wollte als unabhängige Frau nicht alles für einen Mann aufgeben.» Sie lernte also die Insel kennen, ging tauchen, entdeckte die Schönheit der Unterwasserwelt. Nach einem Monat kehrte sie zurück in die Schweiz.

Ein Jahr später flog sie wieder in die Karibik. Diesmal, um zu bleiben. Rudolf und Heidi hatten im September 1995 in der Schweiz geheiratet.

Anfangs versuchte Heidi, ihr Studium aus der Ferne fortzuführen. Die Wohnung in Zürich gab sie vorerst nicht auf. Nach dem Umzug in die Karibik behielt sie sie noch fast ein Jahr lang. Sie wollte sich nicht einfach auf den Ehemann verlassen. Sie wollte unabhängig bleiben.

Aber sie merkte bald, dass das nicht ging. Das Studium brach sie ab, aber auf Cayman Islands erhielt sie keine Arbeitsbewilligung. Da ihr Mann eine Managerposition bekleidete, durfte sie keiner bezahlten Berufstätigkeit nachgehen. Die Behörden bezeichneten sie auf ihrer Aufenthaltsbewilligung sogar offiziell so, wie sie nie sein wollte: *dependent on her husband* – abhängig von ihrem Ehemann.

Das Leben im Paradies war teuer. Zwar zahlten Heidi und Rudolf auf Grand Cayman keine Steuern, aber die Insel produziert kaum etwas selber. Alles ist Importware: vom Joghurt über das Fernsehkabel bis zum Auto – für alle Artikel fallen Einfuhr- und Transportgebühren an. Die Lebenskosten sind dadurch mit jenen der Schweiz vergleichbar, wenn nicht sogar höher. Und Elmers Gehalt war zu Beginn alles andere als fürstlich: Mit den anfänglichen 110 000 US-Dollar Jahreseinkommen lebten Rudolf und Heidi ziemlich bescheiden. Sie mieteten eine kleine Wohnung direkt am Strand: *Two bedrooms, two bathrooms* – knapp sechzig Quadratmeter, zwei Schlafzimmer, zwei Badezimmer, ein Wohnzimmer, eine Küche und eine kleine Terrasse. Wenig Luxus, aber die Wohnung kostete trotzdem fast 4000 US-Dollar im Monat.

Anfangs genoss Heidi die Sonne, die Strände, das Meer. Ihr ganzes Leben war sie Schwimmerin gewesen – erst Bahnen- und später Synchronschwimmen. Sie kannte Dutzende Schwimmbäder in ganz Europa. Aber die Karibik war für sie eine völlig neue Welt. Unter Wasser entdeckte sie die wahre Schönheit der Insel. Das war es auch, was sie zum Bleiben bewog: Sie watete bloss ins Meer, zog sich Brille und Schnorchel über und schon erlag sie dem Zauber des Korallenriffs.

Und trotzdem: Das Leben als Touristin wurde rasch öde. Ständig nur Bücher lesen und in der Sonne liegen, das war nicht das, was Heidi wollte. Also begann sie, kleinere Arbeiten für Rudolf zu erledigen. Sie organisierte seine Reisen, half seinen Mitarbeitern bei Computerproblemen. Die Bank stellte gerade von DOS auf WINDOWS um. Das führte zu einigen Problemen. Und Heidi, die für eine Beratungsfirma in der Schweiz im Sekretariat gearbeitet hatte, kannte das neue Computersystem bereits. So wurde sie zum Anlaufpunkt für ratlose Bankmitarbeiter. Sie machte Telefonsupport auf freiwilliger Basis. Unbezahlt.

Auf der Insel wimmelte es von Expats – und arbeitslosen Ehefrauen. Fast alle lebten *dependent* auf der Insel, sie langweilten sich, wurden unglücklich. Sie kriegten entweder Kinder – oder wurden Alkoholikerinnen und widmeten sich dem *Schickimicki-Highlife,* wie Heidi es heute nennt. Bald traf sie sich mit anderen Expat-Frauen im *International Ladies Club,* einem Zusammenschluss von Ehefrauen, die nicht arbeiten durften und sich irgendwie die Zeit vertreiben mussten. Die Frauen stammten aus Malaysia, Argentinien, Spanien, Kanada, aus der Schweiz, vor allem aber aus Grossbritannien, dem Vereinigten Königreich, dem die Cayman Islands formell unterstehen. Im *Ladies Club* trafen sich die Frauen zu sogenannten *Coffee Mornings* in den Frühstückssälen der grossen Hotels, wenn diese für die Gäste geschlossen waren. Es gab Vorträge, man spielte Bridge, ging auf Ausflüge. Heidi fand die Kreise, in denen sie sich bewegte, albern. Aber hier gab es wenigstens etwas zu tun: Die einen lehrten Poker, andere lernten zu schwimmen, wieder andere gingen tauchen.

Heidi lernte, was ein Driver ist, ein Putter, ein Tee oder ein Green – sie lernte Golf, den Sport der Elite. In Zürich waren die Elmers tanzen gegangen. Auf Grand Cayman liessen sie die Feierabende auf dem Golfplatz ausklingen. Ein Spaziergang übers Fairway. Neun Löcher bis zum Sonnenuntergang.

1999, vier Jahre nach der Hochzeit, brachte Heidi Elmer eine Tochter zur Welt. Rudolf Elmer wurde zum *Chief Operating Officer* der JULIUS BAER BANK AND TRUST COMPANY ernannt, der Nummer zwei auf der Insel, mit einem Salär von 145 000 US-Dollar. Im Zwischenzeugnis beschrieb die Bankleitung Elmer als *initiative, critical thinking person,* dessen Wissen in zahlreichen Bereichen es der Bank ermöglicht hätte, ihr Geschäft auf den Cayman Islands merklich auszuweiten.

Elmers Aufgabenfeld wurde grösser, die Kompetenzen wurden ausgeweitet. Unter anderem war er *Security Officer*. Er war zuständig für die IT und hatte die Pflicht, die Sicherheit der Systeme zu gewährleisten. Er musste interne Kontrollsysteme überwachen und dafür sorgen, dass Notfallpläne bereit und die Wiederherstellung der Systeme vorbereitet waren.

Die Cayman Islands sind während der Hurricane-Saison immer wieder starken Stürmen ausgesetzt. Von den über zehn tropischen Stürmen, die jedes Jahr über dem Atlantik entstehen, entwickelt sich fast die Hälfte zu Hurricanes, die je nach Stärke und Verlauf verheerende Folgen für die karibischen Inseln haben können. 2004 beispielsweise zog der Hurricane «Ivan» dicht an den Cayman Islands vorbei und zerstörte einen Grossteil der Gebäude. Zu Elmers Aufgaben gehörte, Vorsichtsmassnahmen für den Fall eines Hurricanes zu treffen. Er musste sensible Daten der Bank auf externen Geräten sichern. Er verfügte über einen Hurricane-Laptop, mit dem er nach einer Evakuation der Insel hätte weiterarbeiten können. Zudem machte er täglich Backups, die er mit nach Hause nahm. Die Sicherungskopien wurden allerdings nicht auf CDs gebrannt. Die Daten wurden auf speziellen Tapes gesichert. Darauf waren Kundenprofile, Konten und ihre Bewegungen, Korrespondenzen, Reglemente und andere sensible Kundendaten gespeichert. Elmer bewahrte diese Backups bei sich zu Hause auf.

Er besass damit eine Unmenge von vertraulichen Bankdaten. Rudolf Elmer war der *Hurricane Man*.

Elmer trug viel Verantwortung und seine Arbeit wurde geschätzt. Er war immer stolz darauf, ein Vertrauter der Familie Bär zu sein. Aber zu diesem Zeitpunkt war für ihn längst nicht mehr alles in Ordnung. Die Bank hatte sich verändert. Und Elmer bekam immer mehr Mühe damit. Der Cayman-Ableger der JULIUS BÄR war neuerdings der New Yorker Filiale der Bank unterstellt worden. Die direkten Kontakte, die Elmer während Jahren nach Zürich unterhalten hatte, waren immer weniger wert. Zudem war Elmer ein neuer Chef vor die Nase gesetzt worden, ein Einheimischer, mit dem sich Elmer nicht gut verstand. Er sah einen *Yes Man* in ihm, einen, der alle Entscheide aus New York absegnete. Auf den Cayman Islands kam es immer wieder zu Streitigkeiten, die Fluktuation nahm zu: Einige Mitarbeiter wurden entlassen, andere versetzt. Und Rudolf Elmer war als Zweitoberster nicht nur der *Compliance Officer,* der die Geschäfte der Bank überwachen musste, er war auch Ansprechpartner für unzufriedene Mitarbeiter. Die Arbeitstage waren lang, Elmer stand unter starkem Druck, er vernachlässigte gewisse Aufgaben. Es fehlte ihm an Personal und manchmal kam er mit seiner Arbeit nicht mehr nach. Das Arbeitsklima verschlechterte sich, nach und nach entstand im Betrieb eine Atmosphäre des Misstrauens.

Die Bank behauptet bis heute, Elmer sei enttäuscht und frustriert gewesen, weil er bei der Beförderung übergangen worden war. Elmer hingegen sagt, er hätte den Job als CEO zwar übernommen, aber er sei damals alles andere als erpicht darauf gewesen, sein ganzes Leben auf den Cayman Islands zu verbringen: Er war die Nummer zwei, hatte ein breites Aufgabenfeld und viel Verantwortung, er verdiente mit Bonus 220 000 US-Dollar im Jahr.

Fest steht, dass sich das Verhältnis zwischen Elmer und der Bankleitung in dieser Zeit abkühlte. Elmer meldete häufig Fehler und Probleme nach Zürich. Aber in der Schweiz hatte man den Eindruck, er tue das vor allem, um den neuen Chef anzuschwärzen.

Im Januar 2001 erlitt Elmer einen Fahrradunfall. Er hatte sich mit einem Freund zu einer Ausfahrt verabredet, es war ein heisser Tag und die Strassen waren leer. Sie radelten der Küstenstrasse entlang. Elmer war langsamer unterwegs als sein Freund. Also sagte er ihm, er solle ruhig sein eigenes Tempo fahren und nicht weiter auf ihn warten. Der Freund trat in die Pedale und Elmer verlor ihn bald aus den Augen. – Als Elmer wieder zu sich kam, hievte man ihn gerade auf einer Bahre in den Krankenwagen. Ein Jogger hatte ihn in einem Gebüsch am Strassenrand liegen sehen. Elmer war am Kopf verletzt. Er musste über eine Stunde da gelegen haben und niemand wusste, was geschehen war. War er kollabiert? War es die Hitze? Aber woher stammten die blauen Lackspuren an seinem Fahrrad? Hatte ihn jemand angefahren?

Vielleicht war es die Anstrengung, vielleicht war es ein Unfall. Auf jeden Fall war Rudolf Elmer nach diesem Sturz nicht mehr derselbe. Er trug ein Schleudertrauma davon, seiner Arbeit konnte er nur noch dank grosszügigem Einsatz von Medikamenten nachgehen. Ausserdem machte es ihn verrückt, dass er sich nicht an den Unfall erinnern konnte. Er dachte an die Räubergeschichten, die ihm lokale Polizisten beim Fussballspielen erzählt hatten: über Banker, denen nahegelegt worden war, die Insel zu verlassen; über einen Jamaikaner, der mit Drogen gehandelt hatte und kurz darauf mit einer Kugel im Kopf gefunden wurde; über einen Schweizer Banker auf Panama, der entführt worden war.

Bis zum Unfall hatte er sich solche Geschichten mit einem Lächeln angehört, aber nun wurde Elmer argwöhnisch. Plötzlich dachte er an die Salinas-Affäre und ihre Folgen: Hatte die Bank nach Auffliegen des Skandals nicht sofort die Filiale in Mexiko geschlossen und Salinas' Vermögensverwalter abgezogen? War der Job, den er hier auf Cayman hatte, vielleicht gefährlicher, als er meinte? Steckte mehr hinter dem Fahrradunfall? Oder waren das nur Hirngespinste?

Und dann war da die Sache mit den Griechen, die Rudolf Elmer zunehmend Kopfschmerzen bereitete. Jemand hatte Bankunterlagen eines BÄR-Kunden an die griechischen Steuerbehörden verschickt; ausserdem waren einige Kundendossiers verschwunden und nicht wieder aufgetaucht. Elmer wusste nicht, was mit den Unterlagen geschehen war, aber als *Compliance Officer* trug er eine Verantwortung für solche Zwischenfälle. Die Bankleitungen in New York und Zürich beschlossen, auf Cayman nach dem Rechten zu sehen.

Wenn es einen Punkt Null gibt, einen Tag, an dem die unendliche Geschichte um Rudolf Elmer ihren Anfang genommen hat, dann ist es der Donnerstag, der 21. November 2002. In den Augen der Bank ist das, was an diesem Tag geschah, *business as usual*. Wenn Rudolf Elmer sich hingegen daran erinnert, dann spricht er von einem «Tag der Entwürdigung». Auf jeden Fall ist nach diesem Donnerstag nichts mehr im Leben der Familie Elmer, wie es einmal war.

Schon seit einiger Zeit fühlte sich der 47-jährige Banker nicht mehr gut. Seit dem Unfall war er körperlich angeschlagen und der Arzt auf den Cayman Islands konnte ihm nicht wirklich helfen. Bereits hatte die Familie Flugtickets für die

Weihnachtsferien in der Schweiz gekauft. Dort wollte Elmer einen anderen Arzt aufsuchen, in der Hoffnung, der würde ihm nicht nur Medikamente verschreiben, sondern der Sache auf den Grund gehen. Denn Elmer konnte kaum mehr sitzen, schon nach kurzer Zeit wurden seine Beine taub. Um dennoch zur Arbeit erscheinen zu können, schluckte Elmer Valium fast wie Lutschbonbons. Manchmal, wenn die Schmerzen unerträglich wurden, legte er sich in seinem Büro auf den Boden und arbeitete im Liegen weiter. Wenige Wochen später würde ihm der Arzt in der Schweiz erklären, dass Rückenwirbel verschoben seien und Elmer an einem Bandscheibenvorfall leide.

Am Morgen des 21. November 2002 teilte man Rudolf Elmer in der Bank mit, dass er einen Lügendetektortest ablegen müsse. *Clearance of Management,* lautete die Begründung. Alle hätten den Test zu machen.

Der Test stiess Elmer vor den Kopf. In der US-amerikanischen Bankenwelt mochten solche Tests gang und gäbe sein, aber Elmer, der Schweizer Buchhalter, kannte das nur aus Filmen. Er fühlte sich zu Unrecht verdächtigt.

Was hatte er mit den verschwundenen griechischen Unterlagen zu tun? Er hatte doch als *Security Officer* dafür gesorgt, dass er selbst keinen Zugang zu diesen Akten hatte. Wollte man ihm die Verantwortung dafür zuschieben?

Elmer fuhr nach Hause, um sich auszuruhen und sich zu informieren. Er besprach sich mit seiner Frau, forschte im Internet nach, um sich über Lügendetektortests schlauzumachen. Danach fuhr er ins Büro einer Anwaltskanzlei, wo der Test stattfand.

Elmer zögerte, als man ihm ein Formular hinhielt. Mit seiner Unterschrift sollte er in den Lügendetektortest einwilligen und bestätigen, er sei fit genug: *I have no physical or mental conditions which would prevent me from taking this exa-*

mination, stand da. Er strich das Wort *no* durch, setzte die Wörter *accident, head injury, medications* und *health* unter das Formular und unterschrieb.

Elmer wurde nicht sofort an den Lügendetektor angeschlossen. Bevor es mit dem eigentlichen Test losging, stellte ihm sein Gegenüber ein paar allgemeine Fragen. Das Gespräch wurde aufgenommen und protokolliert.

Später würde Elmer der Bank vorwerfen, dass der Test unzulässig gewesen und das Gespräch nicht sachgemäss geführt worden sei. Die Bank hingegen erachtet das Vorgehen als im Rahmen der damaligen lokalen Gegebenheit üblich.

Der Mann, der den Test durchführte, war aus den USA eingeflogen. Er gehörte zu einem Team von Anwälten und Beratern, das die jüngsten Vorkommnisse in der Cayman-Filiale der Bank BÄR untersuchen sollte: die anonyme Zustellung eines Aktienregisters eines Kunden an die griechischen Steuerbehörden, die zu einer Razzia führte; vertrauliche Dokumente, die an Externe verschickt wurden; physische Kundendossiers, die verschwunden waren; ein Drohbrief, um die Auszahlung eines Bonus für entlassenen Mitarbeiter durchzusetzen.

Das Gespräch verlief zu Beginn harzig. Elmer war nicht gut über die Vorkommnisse informiert. Immer wieder hakte der Interviewer nach, stellte klar, verdeutlichte, fragte, ob Elmer alles richtig verstanden habe. Elmer sagte, dass er nichts mit den Vorfällen zu tun habe, dass ihm die erwähnten Akten gar nicht zugänglich seien. Doch dann schlug der Interviewer einen anklägerischen Ton an, die Fragen suggerierten, dass Elmer überarbeitet sei, dass er vielleicht das eine oder andere seinem Chef verschwiegen, deshalb allenfalls sogar ein paar Unterlagen versteckt habe. Elmer verneinte. Alle seien überarbeitet, sagte Elmer, er habe deshalb auch mehr Personal angefordert.

«Sie sind also gewaltig im Rückstand? Haben Sie das mit jemandem besprochen?», fragte der Interviewer.

«Ja, nein, nein», antwortete Elmer. «Der CEO weiss Bescheid, ich bin da ganz offen. Er kennt die Situation.»

«Haben Sie etwas vertuscht oder Arbeiten versteckt?»

«Äh, ich meine, eine Massnahme war, einen weiteren Mitarbeiter zu holen.»

«Also, nochmals: Haben Sie irgendwann einmal das Ausmass der Arbeit vertuscht, mit der Sie im Verzug sind?»

«Was heisst vertuscht?»

«Das heisst: Haben Sie es jemandem vorenthalten oder haben Sie es dem CEO zu 100 Prozent gesagt, wo Sie stehen?»

«Ja, ja.»

«Sie haben es ihm zu 100 Prozent gesagt?»

«Ja, ja. Nein, ich bin da sehr offen, ich habe das auch schriftlich getan, äh, ich weiss schon, wo meine Personalprobleme liegen.»

Elmer fand das Gespräch immer merkwürdiger, die Fragen, die ihm gestellt wurden, einschüchternd.

Der Interviewer fragte, welcher Natur seine Beziehung zu einer Mitarbeiterin sei, ob er mit ihr ausgegangen sei, zum Abendessen vielleicht, oder auf Drinks? Er fragte ihn, ob er schon einmal gelogen habe, ob er sich nicht übergangen gefühlt habe, als der neue CEO kam. Er fragte nach einem Erpresserbrief, nach dubiosen Informationen, die gefaxt und gemailt worden waren, nach Kundendossiers, die aus den Aktenräumen entfernt worden waren. Was für eine Person würde das tun? Müsste das nicht jemand sein, der unglücklich ist im Unternehmen? Wie fühlen Sie sich auf Cayman Islands? Fühlen Sie sich wohl? Sehen Sie sich in fünf oder zehn Jahren immer noch im Unternehmen? Sie haben einen neuen Vertrag erhalten? Haben Sie bloss einen neuen Titel? Oder gab es auch eine Lohnerhöhung? Haben Sie schon einmal versucht, jemanden zu ruinieren, um ihre eigene Position zu verbessern? Haben Sie schon einmal etwas getan, wofür man Sie feuern könnte? Ich rede nicht von blaumachen, falsch einstempeln, ich rede von schwerwiegenden Sachen: Dinge verstecken, Dinge mitnehmen, Dinge verschwinden lassen. Verdächtigen Sie jemanden dieser Taten? Hat nie jemand etwas erwähnt? Erzählen Sie mir, was Sie mit Herrn M. besprochen haben. Ging es dabei darum, so etwas zu tun, Akten verschwinden zu lassen oder zu verschicken? Verdächtigen Sie jemanden im Büro? Hat Frau R. etwas damit zu tun? Ich frage nicht, ob Sie es mit Sicherheit wissen. Ich frage nur, ob jemand in Ihrem Büro dazu fähig wäre? Würden Sie so etwas tun? Gäbe es einen Grund, dass Sie selber so etwas täten? Rudolf, was für eine Person sind Sie? Schätzen Sie sich als eine ehrliche Person ein? Kennen Sie den Unterschied zwischen Wahrheit und Lüge? Was bedeutet Ihnen Wahrheit? Gibt es unterschiedliche Wahrheiten? Ich frage nach Ihrer persönlichen Meinung. Gibt es 99 Prozent Wahrheit? Oder gibt es nur 100 Prozent Wahrheit und nichts anderes? Gibt es für Sie Graustufen? Oder sagen Sie immer die Wahrheit? Sagen Sie wirklich immer zu 100 Prozent die Wahrheit? Was heisst Lüge für Sie? Gibt es verschiedene Arten von Lügen? Kleine Lügen? Grosse Lügen? Und was würden Sie mit jemandem machen, der erwischt wird? Würden Sie ihn entlassen? Die Polizei rufen? Ihn ins Gefängnis werfen? Was würden Sie tun? Ihn bestrafen? Diese Art Person ist ja eine kriminelle Person, sie hat ein paar bösartige Dinge getan, finden Sie nicht Rudolf?

Rudolf Elmer brummte der Schädel. Der Interviewer sagte, er sei gleich fertig. Nur noch kurz ein paar Fragen zu Frau E., dann würde der eigentliche Test folgen. «Meinen Sie, sie sei in diese Dinge involviert?»

Rudolf Elmer war unkonzentriert.

«Ich verstehe nicht. Können Sie das wiederholen? Ich verstehe überhaupt nichts mehr.»

«Kein Problem, wir sind hier gleich fertig.»

Doch Elmer mochte nicht mehr. «Ich kann nicht», sagte er. «Ich kann nicht ...»

«Wollen Sie fortfahren?»

«Nein.»

Nach einer Stunde, zehn Minuten und 51 Sekunden brach er das Gespräch ab und wurde nach Hause entlassen. Elmer fuhr zur Physiotherapie. Der Rücken schmerzte. Am nächsten Tag kehrte er zurück ins Büro der Anwaltskanzlei und nahm einen zweiten Anlauf. Vor dem Gespräch erwähnte er, dass er wegen des Unfalls vor einem Jahr Probleme habe, dass er sich seither an gewisse Dinge nicht so gut erinnere, sich auch nicht mehr so gut konzentrieren könne. Schon nach kurzer Zeit erhob sich Elmer vom Tisch.

Seine Beine schmerzten. Er brach den Test wieder ab.

Als er das Zimmer verliess, sah er, dass im Nebenraum der CEO und ein zweiter Bankmanager sassen und auf einen Bildschirm starrten. «Da wurde mir klar, dass hier ein Spiel gespielt wurde.»

Eine Woche danach flogen die Elmers in die Schweiz. Die Familie kam bei Freunden unter. Rudolf Elmer suchte seinen Arzt auf, aber der verschrieb ihm bloss noch mehr Medikamente. Elmer hatte starke Schmerzen und das machte ihn unausstehlich. Er konnte kaum stehen oder sitzen, also lag er die meiste Zeit im Wohnzimmer der Freunde herum und versuchte, sich möglichst wenig zu bewegen. Bis Heidi ihm sagte: Jetzt ist genug. Elmer ging zu einem anderen Arzt. Und der sagte: Sofort operieren.

Doch dann erhielt Elmer unerwartet Post von der Bank: die Kündigung.

Am 10. Dezember 2002 entliess die Bank JULIUS BÄR ihren langjährigen Angestellten Rudolf Elmer. Jahre später würde die Bank erklären, man habe ihn nicht für die Vorfälle auf Cayman verantwortlich gemacht, die verschwundenen Dossiers seien wieder aufgetaucht, sie waren offenbar nur verlegt worden. Aber die Art und Weise, wie Elmer mit der Sache umgegangen sei, sei nicht in Ordnung gewesen.

Gerade als *Chief Operating Officer,* als Nummer zwei der Bank, war er auch für Ordnung und Sicherheit verantwortlich. Deshalb habe er eine Vorbildfunktion gehabt. Elmers unkooperatives Verhalten beim Lügendetektortest habe nicht zu seiner Position gepasst. Das Vertrauen sei erschüttert gewesen.

«Fünfzehn Jahre», sagt Elmer heute. «Fünfzehn Jahre war ich beim BÄR. Und dann entlassen die mich, als ich in die Schweiz fahre, um mich untersuchen zu lassen. Kurz vor der Operation. Kurz vor den Bonuszahlungen. Kurz vor Weihnachten. Das war doch abgekartet.»

Am 10. Januar unterzog sich Elmer einer Rückenoperation und fuhr danach direkt in eine Rehabilitationsklinik. Nach der Operation verschwanden die Schmerzen im Rücken, aber im Innern war Elmer tief verletzt. Die Entlassung hatte ihn gekränkt und an seinem Stolz gekratzt. Es war weniger die Kündigung an sich als vielmehr die Umstände, die ihm zu schaffen machten. Elmer versuchte noch, sich gegen die Entlassung zu wehren, focht sie an. Aber er hatte keine Chance. Es war klar, dass die Bank diesen Entscheid nicht rückgängig machen würde.

Elmer war wütend. Die Bank schuldete ihm noch 25 000 us-Dollar, da der Krankenversicherer der Bank pleite gegangen war und Elmer einen Spitalaufenthalt nach dem Fahrradunfall aus der eigenen Tasche hatte zahlen müssen.

Wie sollte es nun weitergehen? Zurück in die Karibik konnte die Familie nicht, weil mit der Kündigung auch die Aufenthaltsbewilligung auslief. Sie hatten kein Einkommen, keine Wohnung, keine Perspektive.

Der mittlerweile 47-jährige Rudolf Elmer blieb in der Schweiz und sah sich nach einem neuen Job und einer neuen Bleibe um. Seine Frau flog mit der Tochter auf die Cayman Islands, um den Haushalt aufzulösen.

«Wir reisten im Februar», erinnert sich Heidi Elmer. «Meine Tochter konnte ich in den Kindergarten schicken, sodass sie tagsüber versorgt war und ich mich um unsere Sachen kümmern konnte. Ich packte Kisten und verabschiedete mich von Freunden. In so einem Moment bleibt nicht viel Zeit für Gedanken und Emotionen. Man funktioniert einfach. Es gab ja auch wahnsinnig viel zu tun. Mit der Bank tauschte ich mich über Anwälte aus. Es gab keinen direkten Kontakt mehr. Alles lief über die Anwälte. Ich packte die Sachen, die der Bank gehörten, in Kisten und benachrichtigte den Anwalt, damit er die Sachen abholte. Dasselbe tat die Bank mit den privaten Gegenständen im Büro. Dabei muss ich irgendwann ein Backup-Tape der Bank in eine unserer Kisten gelegt haben. Wir hatten das Backup-System privat gekauft und auch privat genutzt. Ich habe also nicht jedes Tape im Detail studiert, ob das vielleicht der Bank gehören könnte oder nicht. Die Bank sagte auch nichts. Die holten nur den Computer und dachten, das sei jetzt alles.»

Die Bank täuschte sich. Rudolf Elmer hatte den Hurricane-Laptop der Bank bei sich, als er in die Schweiz gereist war. Beim Auspacken der Umzugskisten fand er zudem ein Tape mit Bankdaten. Elmer verfügte damit nicht nur über den Laptop, den ihm die Bank für Notfälle gegeben hatte, sondern auch über Sicherungskopien, auf denen eine unheimliche Menge vertraulicher Bankdaten gespeichert war. Ein unverhoffter Schatz.

Elmer studierte ihn und wusste: Er hält eine wertvolle Versicherung in den Händen.

«Eine verdeckte Ermittlung»

Auszug aus dem Protokoll der Befragung des Geschäftsführers der Privatdetektei RYFFEL AG vom 26.7.2005.

Wir haben im Mai 2004 auf alle Fälle den Auftrag erhalten, Herr Elmer zu überwachen, was wir hierauf auch gemacht haben. Wir hatten den Auftrag, zu sehen, was er den Tag hindurch macht.

(...)

Der direkte Auftraggeber [war] ein Berater. Er ist seit langem mit dem Auftrag von der Bank JULIUS BÄR betraut worden. Alle Rapporte von uns gehen aber an diesen Berater.

Der Auftrag war, zu sehen, was Herr Elmer macht den ganzen Tag. Man wusste nicht, was er den ganzen Tag macht, ob er arbeitet. Man hat auch gehofft, dass man ihn auf frischer Tat ertappen kann, wie er einen Brief einwirft oder ein Mail schreibt. Aus diesem Grund haben wir den Auftrag entgegengenommen und auch ausgeführt.

Wir haben Herrn Elmer gut einen Monat sehr intensiv überwacht, hernach eher lose. Wir haben im Zuge dieser Überwachung auch herausgefunden, wo er arbeitet. Insgesamt ist nicht sehr viel dabei herausgekommen.

Auszug aus dem Protokoll der Befragung des Geschäftsführers der Privatdetektei RYFFEL AG *vom 1.10.2009.*

Der Auftrag wurde vom Berater klar definiert. Es handelte sich um eine verdeckte Ermittlung. R. Elmer sollte nicht bemerken, dass wir ihn im Auge hatten.

(…)

Ich wusste nicht von Anfang an, dass der eigentliche Auftraggeber die Bank JULIUS BÄR war. Der Berater teilte mir mit, dass R. Elmer bei einer Beförderung übergangen worden war und seither vertrauliche Kundendaten veruntreut [hat] und auch Kunden angeschrieben wurden, um auf diese Weise die Bank JULIUS BÄR unter Druck zu setzen.

(…)

Ich habe mich selber auch an der damaligen Observation beteiligt. Ich kann Ihnen sagen, dass sich insgesamt 8 bis 10 Personen an der Observation von R. Elmer beteiligt hatten.

(…)

Ich kann Ihnen weiter sagen, dass unsere Observation einzig und alleine R. Elmer galt. Wir hatten keinen Auftrag, die Ehefrau und das Kind von R. Elmer zu beschatten, obwohl diese uns bei der Observation natürlich auch aufgefallen waren.

Die erste Observation dauerte ca. eine Woche, die zweite Observation dauerte zwei oder drei Wochen. Ich weiss es nicht mehr so genau. Nach dem Vorfall auf der Autobahn hatten wir die Observation gegen R. Elmer eingestellt, dies nach Rücksprache mit dem Berater.

Unruhe an der Bahnhofstrasse

Was ging hier eigentlich vor?

Rudolf Elmer war mit seiner Frau und mit Freunden in die Türkei in die Ferien gefahren, um Abstand zu gewinnen. Und nun der Anruf von seinem neuen Chef aus Zürich. Er hatte keine guten Nachrichten: Die dubiosen Typen standen schon wieder vor dem Büro. Elmer kam ins Grübeln, als er das Handy aufgelegt hatte.

Wer waren diese Leute? Was wollten sie? Ging es um ihn? Hatte es etwas mit seinem Abgang auf den Cayman Islands zu tun? Oder hatte die Sache einen anderen Hintergrund?

Kurz nach seiner Entlassung hatte sich Elmer mit zwei Vertretern von JULIUS BÄR in Zürich zur Aussprache getroffen. Elmer hatte eine Abfindung verlangt, doch die Bank willigte nicht ein. Seither hatte er seiner ehemaligen Arbeitgeberin den Rücken gekehrt, nicht aber der Finanzbranche: Seit Sommer 2003 hatte Elmer einen neuen Job bei der Investmentfirma NOBLE, einem Ableger der multinationalen NOBLE GROUP. Die Büros der NOBLE INVESTMENTS befanden sich in der opulenten Zürcher Bahnhofstrasse gleich beim Paradeplatz und damit auch in unmittelbarer Nähe zum Hauptsitz der Bank JULIUS BÄR. Elmers Vergangenheit war nur einen Steinwurf entfernt. Jetzt, als irgendwelche Männer vor dem Büro des neuen Arbeitgebers rumstanden, wurde ihm das schmerzlich bewusst.

Schalten Sie die Polizei ein, hatte Elmer seinen Chef am Telefon gebeten. Es musste um ihn gehen. Schliesslich hatte doch schon beim Vorfall letzte Woche jemand nach ihm gefragt. Die Ferien waren jedenfalls dahin. An Entspannung war jetzt nicht zu denken.

Eine Woche zuvor, am 20. Mai 2004, waren die Typen erstmals aufgefallen. Vor dem Büro von Elmers neuem Arbeitgeber an der Bahnhofstrasse hatte ein Unbekannter eine Sekretärin angehalten und nach Elmer gefragt. Bald darauf passierte es wieder. Es war kurz nach Feierabend, als die Sekretärin im Treppenhaus vor dem Büro von einem kurzhaarigen Mann angesprochen wurde. Er klappte seinen Laptop auf und zeigte ihr zwei Fotos. Auf beiden Bildern erkannte sie Rudolf Elmer.

Zurück in der Schweiz, würde Elmer das Gespräch mit dem Chef suchen müssen. Nach dem Vorfall mit den Fotos hatte er schon einmal versucht, ihm klarzumachen, dass er nicht wisse, warum man ihn suche. «Ich habe keine kriminelle Vergangenheit», beteuerte er, «keine unehelichen Kinder oder was auch immer.» Vielleicht würde die Polizei mehr in Erfahrung bringen.

Am 10. Juni kehrte Elmer mit seiner Familie aus den Türkei-
ferien zurück in die Schweiz. Er sprach mit seinem Chef
über die Situation. Zwei Wochen später, am Dienstag, den
22. Juni 2004, begab er sich auf die City-Wache der Stadtpo-
lizei Zürich und erstattete Anzeige gegen unbekannt. Er
erzählte, dass er sich seit einiger Zeit bedroht fühle: Er hatte
bemerkt, dass ihm unbekannte Personen folgten, er hatte
Drohmails empfangen und ihm waren verdächtige Fahrzeuge an seinem Wohnort aufgefallen. Wegen der E-Mails hatte
er bereits bei der Schwyzer Kantonspolizei Anzeige erstattet, aber nichts mehr weiter gehört.

Nach der Einvernahme besprach sich Elmer wieder mit
seinem Vorgesetzten. Er kontaktierte auch die Nachbarn und
bat sie, künftig auffällige Personen oder Fahrzeuge der Polizei zu melden und eine Personenkontrolle zu verlangen. Er
beriet sich mit Heidi.

Am nächsten Tag fasste er die Gespräche und Informationen zusammen und schickte um 22.56 Uhr eine Mail an
den Polizisten, der ihn am Vortag einvernommen hatte. Darin ergänzte er, dass fünf Personen an der Observation an der
Bahnhofstrasse beteiligt gewesen seien: Zwei sassen im Auto,
drei im Gartenrestaurant. Sie gehörten offensichtlich zusammen, weil sie jeweils ihre Positionen tauschten. Elmers Mitarbeitern waren sie Anfang Monat aufgefallen, mit Sicherheit am 7. und am 8. Juni, als Elmer mit der Familie noch in
der Türkei weilte.

Es herrsche Unruhe im Geschäft, schrieb Elmer in der
Mail, und die Mitarbeiter fühlten sich bedroht. Deshalb sei
die Geschäftsführung zum Entschluss gekommen, dass es

im Moment besser sei, nicht alle Mitarbeiter zu befragen, sondern lediglich die beiden Vorgesetzten Elmers. Sein Chef habe im Übrigen schon Mitarbeiter persönlich begleiten müssen, weil sich diese unsicher fühlten. Man wolle die Unruhe nicht noch vergrössern.

Elmer listete die Vorsichtsmassnahmen auf, die er auf Anraten der Polizei vornahm: Die Bürotür blieb immer verschlossen, die Mitarbeiter waren gehalten, verdächtige Personen der Polizei zu melden.

Privat stellte Elmer seine Gewohnheiten um, so wie es ihm der Polizist empfohlen hatte: Er vermied Routine im Tagesablauf, ging zu unterschiedlichen Zeiten aus dem Haus, wechselte den Arbeitsweg, verschob seine Mittagspause mal nach vorne, mal nach hinten.

Heidi liess die gemeinsame Tochter nicht mehr unbeaufsichtigt im Garten spielen: Eines Tages war sie nach Hause gekommen und erzählte der Mutter, dass sie von einem unbekannten Mann angesprochen worden sei und er ihr einen Apfel angeboten habe. Seither begleitete Heidi die Tochter jeden Tag auf dem Weg zum Kindergarten und informierte die Kindergärtnerin und die Nachbarn. (Der Geschäftsführer der Privatdetektei RYFFEL bestreitet diese Darstellung. Seine Detektive hätten immer «verdeckt observiert».)

Elmer schrieb dem Polizisten, man werde vorsichtig sein. Sein Arbeitgeber ziehe ohnehin demnächst um: von der Bahnhofstrasse an die Claridenstrasse, gleich beim Kongresszentrum am Zürichsee. Vielleicht beruhige sich dann die Situation.

«Meine Familie darf sich nicht in den Wahnsinn treiben lassen. Die Beratungsstelle suche ich morgen auf. Die psychische Belastung auf der Familie und den Mitarbeitern scheint gross zu sein, doch werden wir versuchen, die Sache so gut als möglich zu verarbeiten und zu beobachten, ohne dabei aus einer Maus einen Elefanten zu machen.»

Der Polizist besuchte eine Woche später Elmers Vorgesetzten in seinem Büro und befragte ihn zu den Vorkommnissen. Dieser bestätigte Elmers Angaben. Nicht nur den Vorfall mit den Fotos im Treppenhaus, er erzählte auch, dass jeweils zwei oder drei Personen auf dem Trottoir vor dem Büro warteten.

«Jedem von uns in der Firma ist aufgefallen, dass das Haus observiert wurde. Was auch immer die unbekannten Personen wollten, sie haben erreicht, dass in unserer Firma Unruhe herrscht.»

Einen Monat später tippte der zuständige Polizist einen ausführlichen Rapport:

«Der Anzeigeerstatter machte anlässlich seiner Einvernahme einen sichtlich besorgten Eindruck. Seine Ausführungen und Befürchtungen klangen plausibel. (...) Es liegt der Verdacht nahe, dass die Observanten den Auftrag hatten, Rudolf Elmer einzuschüchtern.

Offenbar wollten die Observanten, vermutlich Personen von einem Privatdetektivbüro, dass die Observation auffiel und damit für Unruhe gesorgt wird. Dass Observanten, welche unbemerkt sein wollen, so dilettantisch vorgehen, ist eher auszuschliessen.

Rudolf Elmer konnte aber nicht die ganze Wahrheit über die Vergangenheit erzählen, aus Gründen der Schweigepflicht. Sicher scheint aber, dass der Grund der geschilderten Bedrohung durch diese Observationen in seiner Tätigkeit auf den Cayman Islands zu suchen ist.»

«Ein Observationstag wie jeder andere»

Auszug aus dem Protokoll der Befragung des Geschäftsführers der Privatdetektei RYFFEL AG *vom 26.7.2005.*

R. Elmer war Mitarbeiter der JULIUS BÄR auf den Cayman. Er war Sicherheitschef bzw. zweiter Mann. Elmer wurde offensichtlich nicht so befördert, wie er dies erwartet hatte. Aufgrund dessen hat er sich merklich verändert als Person. So wurde mir dies mitgeteilt.

Es gab einen unschönen Abgang von ihm. Er ist gegangen (...) und in die Schweiz zurückgekehrt. Es wurde bemerkt, dass Daten über Kunden mitgenommen worden sind. Man konnte nicht genau eruieren, ob er das war oder nicht.

Auf alle Fälle haben im Verlaufe der Zeit diverse Kunden der Bank Schreiben bekommen, mit Absender von diversen US-Steuerbehörden und dergleichen. Es waren aber alles gefakte Schreiben. Es stand in diesen Schreiben, dass diese Kunden bei der Offshore Bank Konti besitzen würden. Wie gesagt, das haben einige Kunden der Bank natürlich zurückgemeldet und nachgefragt, wie sie sich verhalten sollen. Wie lange das gelaufen ist, kann ich nicht sagen.

(...)

Ca. Mitte Juni 2004 haben wir vom Berater erfahren, dass die Sache so weit erledigt ist. Der Fall wurde von uns – RYFFEL – abgeschlossen und [wir] haben gedacht, das war es jetzt.

Ca. Mitte Juni 2005 hat uns der Berater wieder angerufen und gesagt, dass es die Sache noch nicht gewesen sei. Es hätten sich wieder Kunden gemeldet, welche Schreiben in der beschriebenen Art und Weise erhalten hätten. Ferner wurden wir beauftragt, die Observation wieder fortzusetzen. Wir haben das hierauf auch sofort wieder gemacht.

Am Anfang wurde Herr Elmer sehr intensiv überwacht von morgens bis abends. Im Zuge dieser Observationen hat man wieder gesehen, dass er nach wie vor an der Claridenstrasse arbeitet und in Freienbach wohnt, das gleiche Auto fährt und so weiter und so fort. Etwas Handfestes konnte nicht eruiert werden.

Der Tag, an dem Detektiv K. überwacht hat, war ein Zufall, weil das Auto offensichtlich hinter ihm durchgefahren ist. Aus diesem Grund ist der Detektiv diesem Auto von Elmer nachgefahren. Es war ein Observationstag wie jeder andere auch, nichts Besonderes.

Angst und Schrecken in Freienbach

Da draussen warteten sie schon wieder. Die Typen waren einfach nicht abzuschütteln.

Elmer stieg hoch ins Dachgeschoss, kletterte ins Nebenhaus und verliess das Gebäude durch einen Nebenausgang. Es war zum Verrücktwerden.

Manchmal zog Elmer nach Feierabend Jackett, Hemd und Krawatte aus und stieg in einen Trainingsanzug. Er joggte vom Büro zum nahegelegenen Bahnhof Enge, zog sich in der Bahnhofstoilette wieder um und nahm dann die S-Bahn nach Freienbach im Kanton Schwyz, seinen damaligen Wohnort. An manchen Tagen ging er einen Umweg, so wie es ihm die Polizei empfohlen hatte: Er stieg eine Station früher aus und wechselte auf den nächsten Zug, oder er fuhr mit dem Fahrrad eine Haltestelle weiter und stieg erst dort in die S-Bahn. Wenn der Feierabendverkehr zu hektisch war und Elmer den Überblick verlor, hielt er Abstand zu den Gleisen. Er fürchtete, jemand könnte ihn unter den Zug stossen.

Elmer schlief schlecht, wenn überhaupt. Langsam schlug sich das auch auf seine Arbeitsleistung nieder. Wie lange würden seine Vorgesetzten das noch mitmachen? Er erklärte seinem Chef, dass seine ehemalige Arbeitgeberin, die Bank BÄR auf den Cayman Islands, auch Leute zu ihren Kunden gezählt hatte, die nicht über alle Zweifel erhaben waren. Doch eine bessere Erklärung für die Beschattungen konnte Elmer nicht bieten. Er wusste nicht, wer die Leute waren und was sie von ihm wollten.

Sie standen vor seinem Büro in Zürich, sie verfolgten ihn, wenn er zur Post ging, sie warteten vor seinem Haus in Freienbach. Er sah die Gestalten auf dem benachbarten Schulhausparkplatz, er sammelte ihre Zigarettenstummel im Garten ein, er zog die Vorhänge im Haus. Auch den Nachbarn waren die Männer nicht entgangen. Sie riefen bei Elmer an und fragten, wer die Unbekannten seien, die frühmorgens oder abends herumlungerten, rauchten und telefonierten. Einmal meldete ihm ein Nachbar abends um 23 Uhr, dass soeben jemand in die Sackgasse geschlichen sei, in der die Elmers wohnten. Er sei um das Haus gegangen und habe dabei den Lichtmelder der Nachbarn ausgelöst.

Das Familienleben litt. Die Anspannung war gross. Gemütliche Gespräche bei einem Glas Wein auf der Terrasse waren nicht möglich. Heidi Elmer beobachtete, wie die Beschatter nachts mit quietschenden Reifen aus der Sackgasse rasten, in der die Familie wohnte. Rudolf Elmer installierte Bewegungsmelder hinter dem Haus, schrieb Rundbriefe an die Nachbarn, um sie über die Vorgänge zu informieren, er kontaktierte die Polizei.

Die Sache wuchs ihm über den Kopf. Einmal fand ihn seine Tochter im Garten liegend, die Hand an einer Schnur angelegt, jederzeit bereit, ein Nagelbrett hochzuziehen, falls die Detektive mit dem Auto vorbeifahren würden.

Elmer besuchte einen Psychologen. Der verschrieb ihm Schlaf- und Beruhigungsmittel. Aber das half nur kurzfristig. Die Lage drohte zu eskalieren. Am 2. Juli 2004 ging um 12.58 Uhr eine E-Mail in Heidi und Rudolf Elmers gemeinsamem Postfach ein, abgeschickt aus einer öffentlichen Telefonkabine. Heidi Elmer erschrak, als sie die in Grossbuchstaben getippte Nachricht las. Noch am gleichen Tag verständigte sie die Polizei. Sie wandte sich an den Quartierpolizisten, mit dem Rudolf wegen der Verfolgungen am Arbeitsplatz bereits im Kontakt stand: «Dies ist die neuste E-Mail, die heute bei uns privat angekommen ist. Ich habe den Path gleich mitkopiert zu ihrer Orientierung. Können Sie das Mail zurückverfolgen? Besten Dank.»

From: 013914099@publifon.ch
Sent: Freitag, 2. Juli 2004 12:58
To: Rudolf und Heidi Elmer

Subject: WE ARE HERE YOUR DAUGHTER WILL BE KILLED IF YOU DO NOT STOP ....

Cash und Daten

Es war die Feststellung eines alten Hasen, aber es klang wie die Aufforderung an eine junge Generation. Hans Julius Bär, 1927 geboren, 1947 in die Bank eingetreten, hatte ein halbes Jahrhundert bei JULIUS BÄR verbracht. Er war Ehrenpräsident der 1890 gegründeten Privatbank, als er im Frühling 2004 seine Autobiografie veröffentlichte: *Seid umschlungen, Millionen.* Während Rudolf Elmer mit dem Abschütteln von Privatdetektiven beschäftigt war, tippte der «Doyen der Zürcher Banquiers» Sätze, die das Establishment schmerzten wie Messerstiche: «Vorstandsbezüge im zweistelligen Millionenbereich sind eine Anstiftung zum Klassenkampf», schrieb er. Oder: «Wir verbuchen nur, was das Bankgeheimnis den Banken bringt – und unterschlagen, was es der Schweiz schadet. Ich bin überzeugt: Es schadet uns ganz gewaltig.» Und: «Das Bankgeheimnis macht uns fett, aber impotent.»

Das Buch sorgte für Aufruhr und Empörung im Bankenland Schweiz. Hans Julius Bär galt plötzlich als Verräter, als Nestbeschmutzer. Der damalige Finanzminister Hans-Rudolf Merz sagte, Bär sei mit seinen Ansichten «relativ einsam». Doch ganz allein war er nicht. Ein ehemaliger Angestellter der Bank hatte Bärs Worte sehr genau vernommen.

Am Paradeplatz bebte die Erde. Jemand hatte das Bankgeheimnis geknackt. Auf der Titelseite der Wirtschaftszeitung CASH prangte eine Schlagzeile, die unglaublich klang:

«Datenklau bei der Bank BÄR», titelte das Blatt an diesem Donnerstag, dem 16. Juni 2005. CASH berichtete über einen nie gesehenen Vorgang, und jedem Banker, der die Zeitung an diesem Morgen in die Finger bekam, muss das Herz kurz gestockt haben, als er diese Zeilen las: «Ein unbekannter Dieb verschickt geheime Kundeninformationen der Bankengruppe JULIUS BÄR.» Bis zu diesem Donnerstag war es unvorstellbar gewesen, dass jemand Informationen über die Kunden einer Schweizer Bank an die Öffentlichkeit tragen würde. Aber nun war es geschehen: Jemand verbreitete Material aus dem Bauch des Monsters.

Mit viel Weitsicht hätte man dieses Einzelereignis vielleicht schon damals als Vorbote einer grossen Krise erahnen können. Aber im Jahr 2005 war man noch weit weg von der weltweiten Finanz- und Wirtschaftskrise, von der Staatsrettung der Grossbank UBS, von Millionenbussen der Schweizer Banken in den USA. 2005 – das waren andere Zeiten: Christoph Blocher war Justizminister und Hans-Rudolf Merz Finanzminister, Marcel Ospel stand als Verwaltungsratspräsident an der Spitze der UBS und erhielt in den USA einen Ehrendoktortitel von der Universität Rochester verliehen. Das Bankgeheimnis war eine unerschütterliche Institution. «Sie macht das Wesen der Schweiz aus», sagte ein Politiker noch Jahre später, als sie bereits jede Bedeutung zu verlieren drohte. «Sie verbietet es dem Staat, indiskrete Blicke auf das Privatleben der Bürger zu werfen.»

Das Bankgeheimnis als «Notwehr» des einfachen Bürgers gegen einen übermächtigen Staat – so stellte es auch Konrad Hummler dar, der selbstbewusste Teilhaber der Bank WEGELIN, der ältesten Privatbank der Schweiz. Hummler war der Ansicht, das Bankgeheimnis böte den deutschen Nachbarn «Schutz» vor deren Sozialstaat, der den Wohlhabenden alles wegnehme und umverteile. Wenn Hummler reichen Kunden, die auf Diskretion bedacht waren, «Asyl» gewährte vor diesem «bürgerfeindlichen, selbstzerstörerischen, in der letzten Konsequenz illegitimen Gebilde», dann erntete er dafür hierzulande Applaus. Deutsche Steuerfahnder mögen Hummlers Aussagen als Aufforderung zum Gesetzesbruch verstanden haben, aber bei weiten Teilen der Schweizer Öffentlichkeit galten sie als Widerstand eines Aufrechten: Hartnäckig hielt sich der Mythos, das Bankgeheimnis sei in den 1930er Jahren im Gesetz verankert worden, um jüdische Vermögen vor den Nazis zu schützen. Diese Legende wurde in den 1960er Jahren von den Schweizer Banken verbreitet, als das Bankgeheimnis in Kritik geriet. Ihre Verschwiegenheit aber war älter: Bereits Ende des 19. Jahrhunderts hatte sich Diskretion als Geschäftstradition in der Branche eingeschrieben. Als die europäischen Nachbarstaaten ab der Jahrhundertwende ihre Steuersätze erhöhten, antwortete die Schweiz auf ihre Weise: Sie bewarb das Schweigen der Banken mit massiven Werbekampagnen in Nachbarstaaten. Die Schweiz wurde zu einer wichtigen Anlaufstelle für Kapital- und Steuerflucht aus ganz Europa. Während Jahrzehnten war das ein einträgliches Geschäftsmodell.

Das Bankgeheimnis galt als so sicher wie der Tod – bis die Zeitung CASH im Sommer 2005 über einen Datendieb bei JULIUS BÄR berichtete. Jetzt war die Katastrophe eingetreten. Ein Datenleck bei einer der angesehensten Schweizer Privatbanken. Medien aus der ganzen Welt berichteten über das Datendebakel. Das WALL STREET JOURNAL schrieb von einer «riesigen Peinlichkeit». JULIUS BÄR, deren Kerngeschäft seit über einem Jahrhundert im Betreuen äusserst vermögender Kunden bestanden hatte, verlor auf einen Schlag zwei ihrer teuersten Schätze: Verschwiegenheit und Vertrauen.

Im Frühling 2007 nahm das Ende des Bankgeheimnisses seinen weiteren Lauf: Der US-amerikanische Banker

Bradley Birkenfeld verriet die kriminellen Steuerhinterziehungsgeschäfte seiner ehemaligen Arbeitgeberin UBS, Anfang 2008 wurde bekannt, dass der Liechtensteiner Heinrich Kieber Bankdaten an die deutschen Steuerbehörden verkauft hatte, Polizisten durchsuchten medienwirksam die Häuser vermögender Steuerbetrüger, Selbstanzeigen häuften sich, Daten-CDs wanderten immer häufiger über die Grenzen. Gleichzeitig kam das weltweite Finanzsystem immer stärker ins Strudeln, bis es im Herbst 2008 beinahe kollabierte. Grossbanken wurden mit staatlichen Rettungspaketen in Milliardenhöhe vor dem Untergang bewahrte, Staatshaushalte gerieten aus dem Lot, weltweit wurde die Jagd auf versteckte Vermögen verstärkt. Just als die Schweiz als Hort von Steuerbetrügern international immer stärker unter Druck geriet, erklärte Hans-Rudolf Merz, der ehemalige UBS-Angestellte und damalige freisinnige Bundesrat: «An diesem Bankgeheimnis werdet ihr euch die Zähne ausbeissen.»

Irgendwann zwischen dem 1. und 3. Juni 2005 war an der Dufourstrasse 23 in Zürich Post eingegangen. Jemand hatte in Deutschland einen Umschlag in einen Briefkasten geworfen und an die Redaktion der Zeitung CASH adressiert. Der Inhalt: eine Daten-CD und dazu ein Begleitschreiben. «Handelsübliche Massenware», schrieb der Journalist in seinem Artikel über die CD. Der Inhalt aber barg Sprengstoff: 169 Megabyte an vertraulichen Daten aus dem Haus der Bank JULIUS BÄR. Darunter tausende Dateien, in EXCEL und WORD, einfach einsehbar und nicht verschlüsselt, wie der Journalist der Polizei später zu Protokoll gab. Die Daten verrieten jahrelange Kundenbeziehungen der Bank, listeten die Konten vermögender Kunden aus der ganzen Welt auf und beinhalteten Besprechungsprotokolle des Managements.

Die Bank versuchte, den Schaden zu begrenzen, und spielte die Angelegenheit runter. Man verfüge über modernste Infrastruktur und Sicherheitsmassnahmen, allerdings lasse sich «das Restrisiko Mitarbeiter» nie ausschliessen. Man arbeite eng mit Polizei und anderen Behörden zusammen, um den Fall aufzuklären.

Laut CASH stammte der Datensatz aus den Büros der Bank auf den Cayman Islands, der verschwiegenen Steueroase in der Karibik. Aber von Steuern oder Steuerhinterziehung war damals nicht die Rede. Vielmehr beschrieb die Zeitung die komplex verschachtelten Firmenstrukturen, die die Daten offenbarten, dem Zeitgeist entsprechend als «übliche Konstruktionen, die superreiche Anleger wählen, um ihr weltweit verstreutes Vermögen zu verwalten».

Das Datenleck im Sommer 2005 war eine Katastrophe für die Bank BÄR. Aber es war noch kein Dammbruch. Denn es gelangte kein einziger Kundenname an die Öffentlichkeit. CASH schrieb nicht über die Geheimnisse der Reichsten der Reichen oder über Spuren, die zu mutmasslichen Drogenhändlern, Waffenschiebern und Steuerbetrügern führten. Stattdessen tat sie die Angelegenheit als Datendiebstahl ab und stellte den Informanten in den Regen. Gegenüber den Ermittlungsbehörden verhielt sich die Zeitung zwar edel: Sie berief sich auf den Quellenschutz und verwehrte ihnen den Einblick in die erhaltene Daten-CD. Der Bank JULIUS BÄR aber händigte sie am 8. August, drei Wochen nach der Story über den «unbekannten Dieb», die Original-CD zum Kopieren aus. Die Zeitung beging damit ein Sakrileg: Sie wendete sich gegen den Informanten und ermöglichte es der Bank, gegen diesen zu ermitteln und die erhaltenen Informationen den Strafverfolgungsbehörden weiterzuleiten.

Noch bevor die Zeitung CASH die brisanten Bankinformationen in ihrem Briefkasten hatte, waren bereits verschiedene Steuerbehörden mit ähnlichem Material aus dem Innern der Bank BÄR bedient worden: Ende März 2005 hatte die Eidgenössische Steuerverwaltung in Bern anonym und mit Berliner Poststempel eine CD mit rund 170 Megabyte Daten erhalten. Auf der CD befanden sich 5189 Dateien, darunter Datenbanken und Sitzungsprotokolle der Bank auf Cayman Islands. Begleitet war die anonyme Zusendung von einem Schreiben des Absenders, einem sogenannten «Insider-Report». Darin wurden JULIUS BÄR, der Ableger auf den Cayman Islands und verschiedene Kunden des Steuerbetrugs bezichtigt.

Auch die Zürcher Steuerbehörden erhielten zu dieser Zeit Post aus Berlin. Gemäss einer Aktennotiz hatte «ein anonymer Denunziant der Deutschen Post am 26.3.2005 ein C4 Couvert» übergegeben. Der Inhalt: ein 18-seitiges Schreiben, 62 Seiten Beilagen mit Geschäftsaktivitäten und Protokollen der Bank JULIUS BÄR sowie eine Daten-CD.

Zu dieser Zeit wusste nur einer, wer der «anonyme Denunziant» des Zürcher Steueramtes war: Rudolf Elmer.

Bei Elmer machte sich Unruhe breit. Seine Frau hatte in den Fernsehnachrichten vom CASH-Artikel gehört und ihn darauf aufmerksam gemacht. Elmer wusste nicht, was nun geschehen würde. Ein ehemaliger BÄR-Manager rief bei Elmers neuem Arbeitsort an und verlangte nach ihm.

Was hatte das zu bedeuten: Wollte er ihm helfen? Oder schaden? Elmer fragte sich, wie die Zeitung, die das Datenleck publik gemacht hatte, weiterfahren würde. Gäbe sie die CD an die Strafverfolgungsbehörden weiter? Kämen die Bank und ihre Kunden an die Kasse? Oder würden die Behörden Elmer hinter dem Leck vermuten und gegen ihn ermitteln?

Der eigentliche Schrecken folgte allerdings erst eine Woche später. Während CASH sich mit einer Presseschau über den ausgelösten Wirbel begnügte und den ersten Leak der Schweizer Finanzbranche nicht weiterverfolgte, publizierte die WELTWOCHE am 23. Juni 2005 einen Artikel mit dem Titel *Das Leck im Paradies.* Der Journalist schrieb, dass die Daten bereits 2003 abhanden gekommen und auch den US-amerikanischen Steuerbehörden zugeschickt worden waren. Es handle sich dabei vermutlich um denselben Datensatz. Elmer besorgten die vielen Details, die der Journalist über den mutmasslichen Absender in Erfahrung gebracht hatte: Dieser habe einzelne Bankkunden angeschrieben und sei 2003 von der Bank entlassen worden. «Der Datendiebstahl sei die Rache eines Mitarbeiters, der sich von der Führung getäuscht fühlte», zitierte die WELTWOCHE einen Informanten. Die Redaktion kannte sogar den Namen des mutmasslichen Täters und nannte die Initialen: R.E.

Rudolf Elmer erschrak. Er dachte: Jetzt will sich die Bank retten, indem sie mich diffamiert. Und dann: Ich habe soeben meinen Job verloren. Wer sich mit der Bank BÄR anlegt, kann nicht mehr in der Schweizer Finanzindustrie arbeiten.

«Keine Ahnung, wer der Kunde ist»

Auszug aus dem Protokoll der Befragung eines Privatdetektivs der RYFFEL AG vom 22.7.2005.

Gegenüber der Patrouille der Kantonspolizei Zürich hätten Sie geäussert, dass Sie Heidi Elmer in Ihrer Funktion als Privatdetektiv im Auftrag eines Kunden observieren würden, und verwiesen des Weiteren auf Herrn S., für welchen Sie angestellt seien. Ist diese Feststellung zutreffend?

— *Diese Feststellung ist richtig.*

Ist S. identisch mit dem Kunden für diesen Auftrag?

— *Er ist der Geschäftsführer der Privatdetektei* RYFFEL, *somit ist er nicht identisch mit dem Kunden, er ist der direkte Auftraggeber mir gegenüber.*

Um wen handelt es sich bei diesem Kunden bzw. wem ist dieser allenfalls namentlich bekannt?

— *Ich habe keine Ahnung, wer der Kunde ist. Auskunft hierüber kann wahrscheinlich der Geschäftsführer machen. Ich bekomme die Daten und die Angaben zu den Zielpersonen.*

Schildern Sie in zeitlicher Chronologie, welche Massnahmen etc. bis zum heutigen Zeitpunkt durch Sie veranlasst und/oder durchgeführt wurden.

— *Ca. 15. Juni 2005: Erste Überwachungsmassnahmen gegen R. Elmer. Seine Ehefrau habe ich lediglich gesehen, aber nicht als Zielperson aufgenommen. Nach Möglichkeit Bilder aufgenommen. Wenn seine Frau mit dem Fahrzeug unterwegs war, kann es sein, dass diese auch observiert wurde. 21. Juni 2005: Kontrolle durch die Polizei anlässlich der Observation. Es gab keine Änderungen im Konzept. Bis 25. Juli 2005: Letztmals durch mich selber eine Observation vorgenommen.*

Letzte Warnung

Es war der 21. Juni 2005, ein Dienstagabend: Fünf Tage waren seit dem CASH-Artikel vergangen. Vor Rudolf Elmers Büro wartete ein Privatdetektiv darauf, dass er sich auf den Heimweg machte. Zu dieser Zeit stieg Heidi Elmer in Rorbas mit ihrer Tochter in den silbergrauen VOLVO und fuhr nach Zürich, um ihre Mutter und ihre Nichte abzuholen. Sie kamen aus Deutschland zu Besuch, weil Heidis Tochter Geburtstag feierte.

Es war etwa halb sieben und die Kinder hatten Hunger. Also verdrückten die vier am Hauptbahnhof ein Fischbrötchen und fuhren dann Richtung See an die Claridenstrasse, wo NOBLE INVESTMENTS mittlerweile die Büros hatte. Heidi rief ihren Mann an, aber der war bereits auf dem Heimweg. Er sei durch die Hintertür raus, sagte er. Heidi wusste sofort Bescheid: Die Beschatter warteten wieder vor dem Büro.

Rudolf Elmer war beunruhigt – wegen der Männer, aber auch wegen der E-Mails, die wieder eingegangen waren.

Am Freitag hatte er eine anonyme E-Mail erhalten, abgeschickt aus einer öffentlichen Telefonkabine in Meilen, einem Vorort von Zürich: «RUDY THIS IS YOUR VERY LAST WARNING. IF YOU ... IT IS VEER MMMMMMFGBCO».

Am Montag war eine E-Mail aus Wetzikon gekommen, ebenfalls aus einer öffentlichen Telefonkabine: «RUDY IF YOU TALK ABOUT JB BUISSNESS OR ITS CLIENTS WE GONNA KILL YUOR CHILD FIRST. THEN YOUR WIFE AND THEN YOU. IF YOU STAY QUITE NUTHING WILL HAPPEN. VEER GHGF ASD»

Elmer sagte seiner Frau am Telefon, sie solle direkt nach Hause fahren. Sie würden sich dort treffen.

Es war kurz nach 20 Uhr, als Heidi Elmer ihr Auto aus dem Hinterhof bei der Claridenstrasse steuerte und ihr zwei Männer auffielen, die sich unterhielten. Als die beiden Heidis Wagen sahen, stieg einer blitzschnell in sein Auto und fuhr ihr nach.

«Oh, shit», sagte sie.

«Was ist los?», fragte Heidis Mutter.

Heidi hatte ihr erzählt, dass seit einiger Zeit Beschatter hinter der Familie her waren. Um die Kinder nicht zu beunruhigen, sagte sie jetzt nicht viel. Bloss, dass sie Rudolf anrufen solle. Die Mutter verstand und wählte die Nummer ihres Schwiegersohns. Im Rückspiegel sahen sie einen grauen VW GOLF, der ihnen auf dem Weg stadtauswärts folgte.

«Sie sind hinter uns her», sagte sie ins Telefon.

Elmer war sofort in heller Aufregung. Er wies sie an, normal weiterzufahren. Er benachrichtige die Polizei.

Er wählte den Notruf und gab den Polizisten das Kennzeichen und die Handynummer seiner Frau durch.

Heidi Elmer befand sich auf der Autobahn A3 Richtung Freienbach, als um 20.38 Uhr ihr Handy klingelte. Am anderen Ende war die Kantonspolizei. Der Polizist wies sie an, an die nächste Tankstelle zu fahren, damit die ausgerückte Polizeipatrouille den Verfolger anhalten und kontrollieren könne.

Bei der Raststätte Herrlisberg Süd bei Wädenswil fuhr Heidi von der Autobahn ab. Sie rollte bis zur Tanksäule, stieg aus und tat so, als würde sie tanken. Der Wagen folgte ihr auf die Raststätte, blieb aber auf einem Parkplatz stehen.

Um 20.40 Uhr stoppten zwei Beamte der Autobahnpolizei Zürich den grauen VW GOLF mit Kennzeichen ZH 667 372. Sie stellten die Identität des Fahrers fest und prüften, wem der Wagen gehörte. Weder der Fahrer noch das Fahrzeug waren im Fahndungssystem der Polizei verzeichnet.

Der Fahrer, ein gelernter Automechaniker, gab an, als Privatdetektiv zu arbeiten. Die Polizei kontaktierte seinen Vorgesetzten. Der bestätigte allerdings nur, dass er Chef der RYFFEL AG sei, erteilte aber keine weiteren Auskünfte.

Heidi kaufte den Kindern ein Glacé und wartete im Wagen, bis die Polizei sie anrief.

Dann klingelte ihr Handy: Beim Verfolger handle es sich um einen Privatdetektiv, sagten die Polizisten. Sie begleiteten Heidi bis zur nächsten Autobahnausfahrt. Dann trennten sich ihre Wege. Heidi Elmer erstattete bei der Kantonspolizei Schwyz Strafanzeige wegen Drohung gegen unbekannt.

«Nach dieser Kontrolle noch zwanzig Mal»

Auszug aus dem Protokoll der Befragung des Geschäftsführers der Privatdetektei RYFFEL AG *vom 1.10.2009.*

Wie lange dauerte die zweite Observation?
—*Ich kann es nicht genau sagen. Ich schätze, zwei Wochen.*
Wann wurde die zweite Observation genau sistiert?
—*Nach dem Vorfall auf der Autobahn, als einer meiner Mitarbeiter von der Polizei kontrolliert wurde. Der Berater sagte dann, dass wir mit der Observation nicht mehr weitermachen sollen.*

Auszug aus dem Protokoll der Befragung eines Privatdetektivs der RYFFEL AG *vom 22.7.2005*

Waren Sie [ausser am Tag des Autobahnvorfalls] noch an weiteren Tagen hinter R. Elmer her?
—*Ja, das ist richtig. Auf Nachfrage hin kann ich sagen, dass dies ca. zehn Mal vor diesem 21. Juni 2005 war. Erstmals ca. drei Wochen vorher. Nach dieser Kontrolle vom 21. Juni war ich noch ca. zwanzig Mal bis letztmals am 25. Juli mit der Observation von R. Elmer beschäftigt.*

Endlich Ruhe

Im September 2005 rief der CEO von JULIUS BÄR bei Elmer an. Man wollte mit ihm über die Cayman-Sache sprechen. Es war nicht das erste Mal, dass sich die Bank BÄR bei ihm meldete. Seit der Kündigung im Dezember 2002 befand sich Elmer im Clinch mit der Bank wegen nicht bezahlter Krankheitsauslagen. Er war deswegen bereits einmal mit der Bankleitung zusammengesessen, das Gespräch hatte aber zu keiner Einigung geführt.

Elmer hielt das Gespräch kurz. Er wollte nur eines wissen: Wer bezahlt die Leute, die hinter mir her sind?

Die Bank ging nicht darauf ein. Elmer brach das Gespräch ab. Das war keine Basis für eine Aussprache.

Kurz darauf, am 27. September 2005, erhielt Rudolf Elmer wieder einen Anruf. Am anderen Ende der Leitung sprach ein Polizist. Dieser soll Elmer aufgefordert haben, so schnell wie möglich nach Hause zu kommen – seiner Tochter sei etwas Schlimmes geschehen. Elmer verliess sofort seinen Arbeitsplatz und fuhr nach Freienbach. Dort erwarteten ihn aber nicht Frau und Tochter, sondern vier Männer, die er noch nie gesehen hatte: Polizei.

Haftbefehl. Hausdurchsuchung. Untersuchungshaft.

(Was der Polizist bei seinem Anruf genau sagte, ist unklar. Er darf offiziell keine Auskünfte erteilen. Ganz grundsätzlich und ohne speziell auf die geschilderte Festnahme Elmers einzugehen, liess der Polizist durchblicken, dass er gewisse Aussagen von Rudolf Elmer für «befremdend» und «falsch» hält.)

Im Gefängnis wusste Elmer nicht, wie es seiner Familie ging. Seine Frau durfte ihn nicht besuchen. Verdunkelungsgefahr, hiess es. Also setzte sich Elmer jeden Abend hin und schrieb Briefe: einen an seine Frau; und eine Gutenachtgeschichte für seine Tochter.

Ansonsten erlebte Elmer die Haft auf untypische Weise: Er empfand das Gefängnis als Befreiung. Lange hätte er es draussen nicht mehr ausgehalten. Er war so verzweifelt, dass er sich selbst nicht mehr über den Weg traute. Seine beiden Dienstwaffen, die er als Hauptmann im Militär zu Hause aufbewahrte, hatte er seiner Mutter in einen Safe gegeben. Nicht, dass er sich wirklich etwas angetan hätte. Aber er wollte sich vor Kurzschlusshandlungen schützen.

Im Gefängnis brauchte er sich um all das keine Sorgen mehr zu machen. Der Stress, der sich in den vergangenen Wochen und Monaten angestaut hatte, löste sich nach und nach auf. Vier Wände, keine Detektive, viel Ruhe. Endlich konnte Elmer wieder eine Nacht durchschlafen.

Schon nach kurzer Zeit in Haft spürte Elmer, dass es ihm gesundheitlich besser ging. Auch Anwältin Ganden Tethong, die ihn ab dem zweiten Tag seiner Haft besuchte, hatte den Eindruck, dass Elmer im Gefängnis etwas Ruhe fand, insbesondere, als er in eine Einzelzelle kam. «Ich hatte ihn ja vorher nicht gekannt», sagt Tethong. «Aber es war offensichtlich, dass er vor der Verhaftung unter grosser Anspannung gestanden hatte. Er erzählte mir gleich bei unserem ersten Treffen, dass er sich bedroht fühlte. Ich habe gemerkt, dass er sehr mitgenommen war und dass er nichts vorspielte. Niemand findet es angenehm, im Gefängnis zu sitzen. Und das Propog, das provisorische Gefängnis in Zürich, ist ein ziemlich übler Ort. Da haben eigentlich alle einen Schock, wenn sie dort hinkommen. Aber für Herrn Elmer war das ein sicherer Ort. Das Gefängnis gab ihm Ruhe und Sicherheit.»

Nach zwei Wochen lehnte der Haftrichter ein Entlassungs-
gesuch ab. Einen ganzen Monat musste Elmer im Gefängnis an
der Rotwandstrasse im Zürcher Kreis 4 verbringen. Da sass
er nun in seiner Zelle, nur einen kurzen Spaziergang vom
Röntgenplatz entfernt, wo er seine Kindheit verbracht hatte, und zerbrach sich den Kopf: Was würde jetzt geschehen?

Elmer hoffte, dass sich die Staatsanwaltschaft endlich
der ganzen Geschichte annehmen würde. Sie würde alles
untersuchen, was in den vergangenen Jahren vorgefallen war.

Bald käme alles raus, dachte Elmer.

Der Konflikt mit der Bank BÄR.

Die Privatdetektive, die ihm an den Fersen klebten.

Die Bankdaten, die er an Steuerämter verschickt hatte.

Nun würde alles ein Ende finden. Elmer erklärte den
Polizisten, dass sie einen der grössten Steuerhinterziehungs-
fälle der Schweiz in der Hand hielten. Aber die wollten nichts
davon hören. Überhaupt nichts.

«... und die ganze Observation flog auf»

Auszug aus dem Protokoll der Befragung des Beraters
vom 29.10.2009.

Ich wurde im Jahre 1999 seitens der Bank JULIUS BÄR
in meiner Funktion als Wirtschaftsinformatiker kontaktiert. Mein Auftrag der Bank JULIUS BÄR bestand darin,
herauszufinden, ob sich nachträglich herausfinden lasse,
wer in Cayman Islands die vertraulichen Daten entwendet hatte. Mein weiterer Auftrag lag darin, die Daten-
sicherheit und das Sicherheitskonzept des Standortes
Cayman Islands zu überprüfen und Vorschläge zur all-
fälligen Verbesserung zu machen.

Mein dritter Auftrag der Bank JULIUS BÄR bestand darin, Beweise zu liefern, wer die E-Mails mit drohendem Inhalt an Kunden und bankintern geschrieben und verschickt hatte.

(...)

Zur Observierung kann ich sagen, dass mich der Rechtsdienst der Bank beauftragte, R. Elmer beschatten zu lassen. Die Bank JULIUS BÄR wollte wissen, ob sich R. Elmer wieder in der Schweiz aufhält und wo er wohnt und ob er einer Arbeit nachgeht und wie sein Tagesablauf aussieht. Ich erteilte der Firma RYFFEL AG den Auftrag, R. Elmer verdeckt beschatten zu lassen. Nach ca. einer Woche hatten wir Klarheit über R. Elmer bzw. die Fragen konnten beantwortet werden.

Nach mehreren Monaten teilte mir der Rechtsdienst der Bank mit, dass erneut E-Mails mit drohendem Inhalt bei JULIUS BÄR eingegangen seien. Aus diesem Grund wurde R. Elmer seitens der Privatdetektei erneut observiert. Man wollte herausfinden, ob R. Elmer hinter den E-Mails und Drohbriefen stand. Diese verdeckte, aber nur punktuell durchgeführte Observation hatte mehrere Wochen gedauert. Dabei konnte herausgefunden werden, wie R. Elmer aus einem Internetcafé eine E-Mail verschickt hatte.

(...)

Die Observation wurde seitens der Nachbarn von R. Elmer in Freienbach entdeckt und es gab einen Vorfall auf der Autobahn, welcher durch R. Elmer inszeniert wurde, und die ganze Observation flog auf.

(...)

Seit 2004 hatte ich keinen Auftrag mehr von der Bank JULIUS BÄR erhalten.

«Bist du noch am Leben?»

Die Polizisten, die Rudolf Elmer in Untersuchungshaft verhörten, wollten nicht wissen, ob er auf den Cayman Islands eine Schattenbuchhaltung hatte führen müssen oder wie das Offshore-Geschäft in der Karibik funktionierte. Sie beschuldigten Elmer, am 7. und 10. Juni 2005 insgesamt drei Telefaxe aus öffentlichen Telefonkabinen abgeschickt zu haben.

«Test Salinas», stand auf einem Fax. «*Salinas is here.* Er will sein Geld zurück», hiess es auf einem anderen. Und im dritten, ebenfalls auf Englisch verfassten Fax: «Verlass die Schweiz. Kriminelle werden hinter deiner Frau her sein, wenn du nicht kooperierst. Dies ist ein warnender Gruss.»

Der Empfänger dieser Nachrichten war stets der Finanzmanager C.L. gewesen, den Elmer von seiner früheren Arbeit bei JULIUS BÄR kannte und der an der Zürcher Goldküste lebte. C.L. hatte die Bank in Mexiko vertreten und dabei auch die Vermögen von Raúl Salinas verwaltet, ehe die Filiale 1995 nach Mord- und Geldwäscherei-Vorwürfen gegen Salinas Hals über Kopf geschlossen wurde. Die Drohfaxe müssen C.L. also beunruhigt haben, umso mehr, als ein halbes Jahr zuvor ein Bruder von Raúl Salinas ermordet aufgefunden worden war. Am 14. Juni erstattete C.L. denn auch Strafanzeige wegen Drohung gegen unbekannt. Damit war der Grundstein gelegt für die strafrechtliche Verfolgung von Rudolf Elmer, die über zehn Jahre andauern würde.

Rudolf Elmer stritt ab, die Salinas-Faxe an den Vermögensverwalter C.L. verschickt zu haben. Selbst als die Ermittler ihm Belege aus dem beschlagnahmten Computer vorlegten, wonach er zahlreiche Informationen über C.L. gesammelt hatte, hielt Elmer an seiner Aussage fest: Er habe bloss deshalb zu C.L. recherchiert, weil er unter anderem ihn verdächtigt hatte, die Privatdetektive angeheuert zu haben.

Überhaupt die Detektive. Für Elmer waren *sie* die Täter, nicht er.

Ja, er hatte anonyme Briefe verschickt. Das gab er zu. Er hatte einige grenzwertige Nachrichten an die Bank und ihre Manager gesendet. Er hatte Steuerbehörden über vertrauliche Geschäftsbeziehungen der Bank JULIUS BÄR informiert. Er hatte Kunden angeschrieben und in ihrem Namen gefälschte Selbstanzeigen bei Steuerbehörden aufgesetzt. Und als er nach dem Vorfall auf der Autobahn den Namen der Privatdetektei kannte, forderte er auch die Detektive mit einem Brief auf, die Beschattungen einzustellen.

Elmers Erklärung für die anonymen Schreiben und später auch die Drohungen waren einfach: Er stand mit dem Rücken zur Wand. Er wurde von einer der grössten Schweizer Privatbanken bedrängt und von bis zu einem Dutzend Privatdetektiven verfolgt – und wollte sich wehren.

Kurz vor seiner Verhaftung waren Rudolf und Heidi Elmer mit Freunden nach Österreich in die Ferien gereist. Sie fuhren nach Serfaus, in ein kleines Dorf im Tirol. Niemand machte sich grössere Sorgen, als Elmer an jenem Sommerabend im August sagte, er müsse an die frische Luft. Doch Elmer stand mächtig unter Druck: Die Zeitungsartikel in CASH und WELTWOCHE, die Verfolgung seiner Familie auf der Autobahn. Und dann fand er heraus, dass die Privatdetektive sie selbst in den Ferien im Tirol beschatteten. Also griff Elmer zur letzten Waffe, auf die er vertraute: Er drohte, an die Öffentlichkeit zu gehen.

Er begab sich in ein kleines Restaurant im Dorf und setzte an der dortigen Internetstation zwei E-Mails auf: Eine richtete er an die Hauptadresse von JULIUS BÄR, eine zweite direkt an den CEO der Bank.

«Wir empfehlen ganz dringend, alle Aktionen gegen irgendwelche Mitarbeiter zu stoppen», schrieb Elmer. «Und wenn Sie dies nicht tun, werden die Kundendaten wie folgt verteilt:

— Steuerbehörden Schweiz, UK, USA
— Avalon Organisation Schweiz
— PNOS, Hatemachine, Civico 88 und Blitzkrieg
— Zeitungen
— NeoNazis
— sowie an andere Organisationen, die gegen den Kapitalismus kämpfen. Das ist eine Empfehlung. (...)»

Wer war dieser Mann, der derartige Drohungen verschickte?

Elmer bezeichnet diese E-Mails heute als «Ausraster». Er habe sich bedroht gefühlt und sich nicht anders zu helfen gewusst: «Der Druck, den die Bank über die Detektive auf mich ausübte, führte dazu, dass ich die Fassung verlor.» Die Methode war rabiat, das wusste er – er hätte diese Mails nie schreiben sollen. Das sagte ihm auch seine Frau Heidi. «Ich sagte zu Ruedi: ‹Wenn du das gewesen bist, dann war das kein guter Zug von dir. Du willst auch nicht, dass man dich so behandelt.› Aber er hatte seinen Kopf dermassen tief in der Sache, ich glaube, er sah gar nicht mehr, welche Konsequenzen sein Handeln haben könnte.»

Von da an dienten Elmers «Ausraster» der Bank als Beleg dafür, dass er keine hehren Absichten hatte, als er die Geheimnisse der Bank verriet, dass er kein Whistleblower war, der sich mit Gewissensbissen an die Öffentlichkeit wandte. Für die Bank war Elmer bloss ein frustrierter ehemaliger Mitarbeiter, der sich nach einem unschönen Abgang in eine Sackgasse manövriert hatte und nun nicht mehr herausfand.

Viele Medien übernahmen diese Darstellung – ohne über die Beschattungen durch die Privatdetektive Bescheid zu wissen, ohne zu fragen, was Elmer zu seinen Drohbriefen veranlasst haben könnte, und ohne je mit Elmer gesprochen zu haben. Und so liessen sich die FINANCIAL TIMES DEUTSCH-LAND und die SONNTAGSZEITUNG von der Bank instrumentalisieren und schrieben über den «Hauptverdächtigen» des Datendiebstahls bei JULIUS BÄR: «Kenner des Falles sehen in dem mutmasslichen Täter einen an Verfolgungswahn leidenden psychisch Kranken.»

Damit war Elmer in eine Schublade gesteckt.

Die Bank JULIUS BÄR verfolgte seit jeher die Strategie, möglichst wenig zum Fall Elmer zu sagen. Denn seit über einem Jahrzehnt bedeutete die Nennung von Rudolf Elmers Namen fast immer schlechte Presse. Wenn sie sich also äusserte, dann nur inoffiziell, in Hintergrundgesprächen, und mit der Bedingung, dass die Aussagen nicht zitiert wurden.

Die Bank stritt ab, dass sie Elmer eingeschüchtert habe.

Die Bank stritt ab, dass sie Elmer bedroht habe.

Die Bank stritt ab, dass sie Elmer habe zum Schweigen bringen wollen.

Stattdessen klagte die Bank, im Zusammenhang mit den Ereignissen auf Cayman Islands seien unzählige Drohungen an Kunden und Mitarbeiter verschickt worden – nicht nur jene, die später ein Gericht in Zürich verhandelte.

Manchmal waren bei Managern Anrufe eingegangen. Mitten in der Nacht. Am anderen Ende der Leitung sprach aber niemand. Aus dem Hörer drang bloss ein schweres Atmen. Und sonst nichts. Manchmal gingen auch Telefaxe ein, später E-Mails. Bei der Bank. Bei einzelnen Mitarbeitern. Bei Medien. Bei Kunden. Es waren Warnungen, Nötigungen, Drohungen. Ein Manager stand während Wochen unter Personenschutz, kurzzeitig schloss die Polizei einmal die Madison Avenue, nachdem in der New Yorker Filiale ein Brief mit weissem Pulver eingegangen war. JULIUS BÄR musste Kunden beruhigen, die von Steuerbehörden mit gefälschten Selbstanzeigen konfrontiert worden waren. Sie heuerte Privatdetektive an, die herausfinden sollten, wer hinter allem stand.

«*Hi dirty pig*», hiess es 2007 in einer (englisch geschriebenen) Mail an einen BÄR-Manager. «Es ist höchste Zeit, dich wissen zu lassen, dass mein Jäger hinter dir her ist. Du bist die Nummer eins auf meiner Liste, weil Leute wie du entsprechend behandelt werden müssen. Mein Jäger wird hinter deinem Rücken sein, vielleicht morgen, vielleicht in einer Woche oder einem Monat, aber er wird dort sein. Sorge dich nicht, es wird schnell passieren und du wirst kaum realisieren, was dir geschieht. *It is not the first job hunter did and execution is his strength.* Schau und sei sorgfältig bei deinem Tun, aber mein Jäger wird seinen Job erledigen. Danke, dass du so nett zu mir warst, aber nun müssen wir dich loswerden. Gruss, *The Hunter*.»

«*Urgent Urgent*», begann eine andere Nachricht, «es gibt bei JULIUS BÄR, Zürich, Sprengstoff und der wird heute Nachmittag, Freitag, den 24., gesprengt werden.»

«Bist du noch am Leben? Das wird sich bald ändern.»

Für die Bank war klar, dass Rudolf Elmer der Urheber all dieser Drohungen war. Er selber stritt die meisten Vorwürfe allerdings ab und wurde Jahre später von vielen Vorwürfen freigesprochen.

Elmer und die Bären, das war die Geschichte einer extremen Konfrontation, geprägt von gigantischen Missverständnissen: Auf Cayman Islands verdächtigte die Bank ihren Angestellten – Elmer fühlte sich hintergangen. In der Schweiz suchte die Bank einvernehmliche Lösungen – bei Elmer kamen sie als Erpressungen an. Elmer wehrte sich – die Bank schätzte ihn als gefährliche Bedrohung ein.

Whistleblower sind nicht unbedingt sympathische Zeitgenossen. Sie sind Petzer, Verräter, Nestbeschmutzer. Und sie begehen oft Fehler; denn es gibt keine Schule für Whistleblower. Das ist die Einschätzung des Geldwäschereiexperten Mark Pieth, eines der renommiertesten Schweizer Strafrechtsprofessoren. Pieth kennt den Fall Rudolf Elmer. Er hat Elmer auch schon für eine Gastvorlesung an die Universität Basel eingeladen. Seine Einschätzung des Falls ist, dass die Bank Elmer massiv mobbte – so lange, bis er nicht mehr klar sah, was er tat.

«Natürlich machen Leute wie Elmer Fehler», sagt Pieth. «Die Motive von Whistleblowern sind nicht immer lauter. Sie sind unzufrieden, werden nervös. Das Unternehmen begegnet ihnen nicht gerade freundlich. In den meisten Fällen, in denen die Sache eskaliert, tragen die Arbeitgeber eine Mitschuld, weil sie nicht geschickt vorgehen. Bei Elmer waren plötzlich Privatdetektive hinter ihm her. Und dann dreht so jemand natürlich durch. Das ist ein Stück weit verständlich, weil es eben ein klassischer Fall ist. In allen Schweizer Fällen, die ich kenne, wurde die Person, die sich als Whistleblower betätigte, immer auf die eine oder andere Weise fertiggemacht. Bei Elmer kommt ein weiteres Problem dazu. Auf welchen Missstand wies er eigentlich hin? Auf das Geschäftsmodell der Schweizer Banken, das darauf beruhte, andere

Staaten zu betrügen. Das war zwar etwas, das alle wussten. Aber trotzdem konnte die Öffentlichkeit gar nicht darauf eingehen, weil das fünfzig oder sechzig Prozent des Geschäftsmodells der Schweizer Banken ausmachte. Deshalb wurde Elmer so hart angegangen: Er zielte ins Herz der vermeintlichen Schweizer Interessen.»

Insider mit Gewissensbissen

Rudolf Elmer schaute über die Schulter, wann immer er das Haus verliess. Er sprach leise, wenn er jemanden traf. Er notierte Autonummern, von denen er glaubte, sie seien auf Privatdetektive registriert. Da war ein silbergrauer GOLF TDI mit Nummernschild ZH 667373, den er mehrfach gesehen hatte. Ein dunkelblauer VW POLO, ebenfalls mit Zürcher Kennzeichen, der seiner Nachbarin aufgefallen war. Ein silberner FIAT, ein dunkelblauer Kleinwagen, und dann waren da die zwei schwarzen BMWs mit Konstanzer Autonummer. Warum fuhren die aus Deutschland bis in seine kleine Strasse nach Freienbach? Waren das wieder die Detektive? Was war Einbildung, was echt?

Rudolf Elmer schwebte im Ungewissen.

Auch als er am 28. Oktober 2005 nach einem Monat Untersuchungshaft aus dem Gefängnis entlassen wurde, fühlte sich Elmer weiterhin verfolgt. Die Zeit in Haft war doch nicht spurlos an ihm vorübergegangen. Drei Tage später stand Elmers Fünfzigster an, aber nach Feiern war ihm nicht zumute. Seine Frau brachte ihn unmittelbar nach der Entlassung zum Arzt und liess ihn krankschreiben. Die Diagnose: Burnout und eine posttraumatische Belastungsstörung.

«23 Stunden am Tag in einer Zelle – das macht etwas mit dir, das verändert dich», sagt Elmer. «Als ich rauskam, war das, als hätte ich ständig eine verschmierte Scheibe vor dem Gesicht: Alles war vernebelt.»

In der Zwischenzeit war Elmers Arbeitgeber NOBLE INVESTMENTS der Trubel um seinen Angestellten zu viel geworden: Das Vertrauen sei unwiederbringlich erschüttert. Die Investmentfirma trennte sich von ihrem Mitarbeiter.

Elmer war am Boden zerstört. Alltagshandlungen fielen ihm schwer, im Haushalt konnte Heidi kaum auf ihn zählen. Er war geistig abwesend, hörte nicht hin, brach Gespräche mitten im Satz ab und zog sich in die Welt seiner Sorgen und Gedanken zurück. Heidi fehlte der Partner, der Tochter fehlte der Vater. Und wegen der erneuten Kündigung machte sich Heidi langsam existenzielle Sorgen. Irgendjemand musste Geld nach Hause bringen. Sie suchte sich einen Job.

In jenem Spätherbst 2005 lernte Elmer den Finanzjournalisten Gian Trepp kennen. Dieser hatte Erfahrung mit versteckten Geldflüssen von diskreten, aber einflussreichen Finanzinstituten. Die deutsche Wochenzeitung DIE ZEIT schrieb über Trepp, er sei für die Schweizer Geldschieber gefährlicher als Jean Ziegler.

Der Recherchejournalist hatte sich in den 1990er Jahren radikal kritisch mit dem Schweizer Bankenwesen auseinandergesetzt und 1996 unter anderem den Bestseller *Swiss Connection* veröffentlicht: Das Buch war eine eigentliche Anklageschrift mit rund 2 000 Namen von Financiers, Treuhändern und Anwälten, ein Register der schmutzigen (wenn auch oft legalen) Geschäfte des Schweizer Finanzplatzes. Gian Trepp galt als neugierig und furchtlos – er war genau der richtige Mann.

Im Dezember 2005 erhielt Trepp eine E-Mail von Rudolf Elmer: Er habe bei einer «so genannt renommierten Bank» auf den Cayman Islands gearbeitet und möchte gerne mehr darüber erzählen. Trepp ahnte, worum es gehen könnte, wusste, dass der Wirtschaftszeitung CASH ein halbes Jahr zuvor Bankdaten aus den Cayman Islands zugespielt worden waren. «Elmer zog mir den Speck durch den Mund», sagt Gian Trepp heute. Denn Elmer nannte in der E-Mail keine Namen, keine Bank, nur seine persönliche Leidensgeschichte, und Trepp wusste nach diesem ersten Kontakt eigentlich nur, «dass Elmer einen Unfall hatte und dass die Bank ihn fertigmachen wolle».

Trepp kontaktierte Elmer. Er wollte Namen, Daten, etwas Konkretes, um weiter recherchieren zu können. Aber Elmer redete von einem mysteriösen Fahrradunfall auf Cayman, von einem fragwürdigen Lügendetektortest und Detektiven vor seinem Haus. Und als sich Trepp schliesslich Einsicht in die BÄR-Daten verschaffen konnte, fühlte er sich von der Unmenge an Daten erschlagen: «Ich hatte fast Mitleid mit den ermittelnden Polizisten. Die armen Kerle. Das war ein Riesendurcheinander von Ordnern und Unterordnern, E-Mails, Briefen und Tabellen.» Auch Reporter der SÜDDEUTSCHEN ZEITUNG sichteten das Material, veröffentlichten zunächst aber keine Artikel über Elmers Daten. Wie Trepp verfolgten sie den Fall jedoch weiter, und wenige Jahre später gehörten sie zu den ersten, die ein differenziertes Bild von Elmers Geschichte zeichneten.

Trepp nahm weitere Anläufe, stocherte herum, aber alle wiegelten ab. Es handle sich um einen komplexen Fall, versuchte die Bank zu beschwichtigen, es sei besser, ihn nicht an die grosse Glocke zu hängen. Tatsächlich war der Fall verzwickt und Trepp gelang vorerst keine richtige Enthüllung. Stattdessen zeichnete er den Streit der Bank BÄR mit seinem ehemaligen Mitarbeiter «R.M.E.» nach und veröffentlichte die Geschichte in einer Broschüre des Kaufmännischen Verbands. Der grosse Aufschrei blieb aus. Kein einziges Medium berichtete über Elmers Verhaftung, niemand schrieb über die Verfolgungen durch Privatdetektive. Elmers Geschichte spielte sich weiter im Verborgenen ab.

Fast zur gleichen Zeit kontaktierte Elmer auch die ERKLÄRUNG VON BERN (EVB), eine entwicklungspolitische NGO, die zum kleinen Kreis von Spezialisten zählte, die sich kritisch mit den komplexen Steuerhinterziehungsmethoden im Offshore-Geschäft beschäftigten.

Kurz vor Weihnachten, am Nachmittag des 23. Dezember 2005, wandte sich Rudolf Elmer mit einer E-Mail an Andreas Missbach von der EVB und erklärte seine Absicht, zum Whistleblower zu werden, auch wenn er dieses Wort nicht ausdrücklich verwendete: «Ich bin mir am überlegen, ob ich weiterhin mit meinem Gewissen im Reinen sein kann», schrieb Elmer, «da ich eine fast unglaubliche Geschichte erleben musste und vielleicht sogar an die Öffentlichkeit gehen würde, um die ‹Steuerplanung› an praktischen Beispielen aber auf legalem Weg zu bekämpfen.» Er schloss die E-Mail mit einer Bitte: «Vielleicht können Sie mir helfen, die Sache richtig anzupacken, um persönlich nicht noch grösseren Schaden zu erleiden. Haben Sie spezialisierte Anwälte oder wie würde EVB hier vorgehen? Mit Sicherheit kann ich sagen, dass die Angelegenheiten gegen Ethik und Moral verstossen.»

Die beiden vereinbarten ein Treffen. Missbach sagt heute: «Elmer wirkte ziemlich paranoid, er redete fahrig und war von der Rolle. Er war sich dessen aber bewusst und sagte von Beginn weg, dass er gesundheitlich angeschlagen sei. Gleichzeitig merkte ich sofort: Der weiss verdammt viel. Das ist ein Insider, einer, der weiss, wie man in einer Offshore-Niederlassung einer Schweizer Bank arbeitet. Und zu dieser Zeit, als niemand hören wollte, dass Steuerhinterziehung das Geschäftsmodell der Schweiz war, konnte man ohne Insider gar nicht weiterkommen. Darum versuchten wir, mit Elmer zusammenzuarbeiten. Aber das war nicht so einfach: Wir wollten die ganze persönliche Geschichte weglassen – die Verfolgungen, das Juristische. Wichtig für uns waren die Fakten zum Offshore-Geschäft: Elmer hatte ein langes Papier verfasst, das diese Mechanismen erläuterte, wie die Bank BÄR Gelder über Cayman verschoben und versteckt hatte, um Steuern in der Schweiz zu umgehen. Elmer hatte so viel Insider-Wissen: Er konnte aus dem Inneren erklären, wie das Offshore-System funktioniert.»

Doch der Kontakt versandete nach kurzer Zeit. Rudolf Elmer wollte zurück in die Finanzbranche.

Vier Jahre waren seit der Kündigung vergangen, aber Rudolf Elmer und JULIUS BÄR hatten sich nicht einigen können. Als sich Elmer und die Bank im Frühling 2006 zu einer Aussprache trafen, schien es, als könnten sie endlich alle Probleme bereinigen. Beide Seiten waren an einer Lösung interessiert: Die Bank wollte wissen, wem Elmer vertrauliche Bankunterlagen geschickt hatte, und sichergehen, dass er aufhörte, ihre Geheimnisse zu verraten. Elmer wollte, dass die Bank auf alle straf- und zivilrechtlichen Forderungen verzichtete.

JULIUS BÄR schlug einen Deal vor, ein *gentlemen's agreement* – sie wollte möglichst wenig schriftlich festhalten. Sie befürchtete, dass sie sonst Probleme mit der Bankenkommission erhalten könnte. Nach einigen Verhandlungsrunden war sie im Sommer schliesslich bereit, Elmer fast eine halbe Million Franken zu zahlen und damit einen Schlussstrich unter die Sache zu ziehen: 300 000 Franken Entschädigung, 75 000 Franken als Bonus, 25 000 US-Dollar Krankengeld und 20 000 Franken für «Repatriierungskosten».

Die Sache hatte nur einen Haken. Die Entschädigung sollte in Raten ausgezahlt werden, der Bonus erst am Ende der Ratenzahlungen, unter der Bedingung, dass Elmer nicht weiter über die Geschäfte von JULIUS BÄR redete. Solche Ratenzahlungen sind in der Finanzbranche üblich, aber Elmer traute der Bank nicht. Er sah im Angebot einen Erpressungsversuch, in der Ratenzahlung Schweigegeld.

Er lehnte den Deal ab. Ihre Wege trennten sich erneut.

Stattdessen fand Elmer den Wiedereinstieg in die Finanzbranche. Er ging für die STANDARD BANK OF AFRICA nach Mauritius, eine kleine Ferieninsel im indischen Ozean. Dort erwartete ihn ein junges, motiviertes Team. Elmer sah die Chance, noch einmal neu anzufangen. Er besuchte Weiterbildungen auf der britischen Kanalinsel Jersey, lernte mehr über das komplexe Trustwesen, in das er auf Cayman nur einen kleinen Einblick gewonnen hatte. Alles deutete darauf hin, dass Elmer doch nicht mit dem Offshore-Business abschliessen wollte. Er kehrte zurück in die Welt der «Verschleierungs- und Verdunkelungsoasen», wie er sie später nennen würde. Andreas Missbach wie auch Gian Trepp zweifelten an Elmers Glaubwürdigkeit.

Doch dann startete Missbach einen letzten Versuch: Er schrieb Elmer und berichtete ihm von einer neuen Website, die im Herbst 2006 online gegangen war. Elmer hatte noch nie von ihr gehört, also tippte er die Adresse in den Browser.

Sie lautete: www.wikileaks.org.

Bei der «gefährlichsten Website der Welt»

Sie waren jung, unberechenbar und hatten Spass – und sie stellten in kürzester Zeit die Welt auf den Kopf. Daniel Domscheit-Berg, Mitte dreissig, hohe Stirn, Geheimratsecken, wacher Blick, freut sich wie ein kleiner Junge, wenn er an die Zeit zurückdenkt: «Die Anfänge von WIKILEAKS waren das Beste», sagt der Mann ganz in Schwarz in einem Berliner Café in der Nähe des Potsdamer Platzes. «Wir waren ganz klein. Aber irgendwie trotzdem ganz gross.»

Im Herbst 2007 lernte Daniel Domscheit-Berg Julian Assange, den Gründer von WIKILEAKS, in einem Chat-Raum kennen. Als eifriger Leser von cryptome.org, einer frühen Whistleblower-Website, war er angetan von der Idee des freien Zugangs zu Informationen, die die Öffentlichkeit betreffen. Er fragte nach einem Job und war nach kurzer Zeit mit an Bord. Die ersten Arbeiten, die er für WIKILEAKS erledigte, waren harmlos. Mit vertraulichen Dokumenten hatte er zu Beginn nichts zu tun. Doch dann ging alles ganz schnell.

Domscheit-Berg sollte sich um die deutschsprachigen Einreichungen kümmern, die auf den Servern von WIKILEAKS lagen. Die Plattform hatte bereits zwei grössere Publikationen hinter sich: Sie hatte Dokumente einer riesigen Korruptionsaffäre in Kenia und die Handbücher des US-Gefängnisses in Guantanamo Bay online gestellt. Es waren erstaunliche Veröffentlichungen, die auch in den traditionellen Medien Beachtung fanden – besonders der britische GUARDIAN verfolgte die junge Organisation von Beginn weg eng –, aber von weltweiten Schlagzeilen, wie sie später zahlreich folgen sollten, war die Whistleblower-Plattform noch weit entfernt. Selbst in einschlägigen Kreisen fehlte es an Interesse: Als Domscheit-Berg Julian Assange in den Weihnachtstagen 2007 erstmals für einen Vortrag am renommierten

Hacker-Kongress des CHAOS COMPUTER CLUBS in Berlin einlud, hörte kaum jemand hin, der Saal blieb beinahe leer.

Fast niemand hatte bemerkt, dass WIKILEAKS zu diesem Zeitpunkt bereits das erste einer Reihe Dokumente aufgeschaltet hatte, die in den folgenden Wochen für weltweiten Wirbel sorgen würden. Es war ein Brief, den Domscheit-Berg kurz zuvor entdeckt hatte, als er sich durch die eingegangenen Einreichungen wühlte. Der Absender: JULIUS BÄR. Die Empfängerin: Angela Merkel. Darin erklärte der Leiter des Rechtsdienstes der Bank BÄR der deutschen Bundeskanzlerin, dass man alle ihre Konten auflösen müsse, da mit den Geldern Politiker bestochen würden. Der Brief war eine offensichtliche Fälschung, in schlechtem und fehlerhaftem Englisch verfasst, die digitale Unterschrift kopiert und eingefügt. Trotzdem entschied sich WIKILEAKS für die Veröffentlichung.

«Der Brief war sehr plump», sagt Domscheit-Berg heute. «Wir wetteten alle darauf, dass er gefälscht war, aber wir konnten es nicht zweifelsfrei sagen. Offensichtlich hatte ihn uns eine Person geschickt, weil sie sehen wollte, was wir damit anfangen würden. Der Brief schien wie ein Testballon. Also publizierten wir ihn und schrieben dazu, dass wir an der Echtheit zweifelten. Wir wollten, dass das öffentlich überprüft werden kann. Ich glaube auch heute noch, dass das richtig war. Denn die Veröffentlichung des Merkel-Briefs war der initiale Moment dieser ganzen Geschichte.»

Tatsächlich leuchteten bald darauf eine ganze Reihe weiterer Unterlagen auf Domscheit-Bergs Laptop. Auf einem der eingereichten Dokumente fand er schliesslich eine Kontaktadresse. Und so kam es im Winter 2007 zu einem Treffen zwischen Daniel Domscheit-Berg, der damaligen Nummer zwei von WIKILEAKS, und Rudolf Elmer, der ehemaligen Nummer zwei von JULIUS BÄR Cayman Islands.

Für Elmer kam Domscheit-Bergs Kontaktaufnahme gerade zur rechten Zeit. Er glaubte nicht mehr daran, dass er in der Schweiz Unterstützung finden würde. Egal, was er tat, er stiess auf Beton – bei den Medien, bei den Steuerbehörden, bei der Staatsanwaltschaft.

Steuerhinterziehung galt zu dieser Zeit noch immer als Kavaliersdelikt. Zwar eröffneten die Steuerbehörden aufgrund des von Elmer weitergegebenen Materials einzelne Verfahren gegen mutmasslich säumige Steuerzahler, der grosse Schlag aber blieb aus, auch gegen die Bank wurde nicht ermittelt. Und als die eidgenössische Steuerverwaltung im Februar 2006 doch begann, Elmers Vorwürfen gegen JULIUS BÄR und deren Kunden nachzugehen, hintertrieben die Zürcher Behörden auf Geheiss der Privatbank diese Bemühungen.

Elmer hatte sich im März 2004 als Whistleblower an die eidgenössische Steuerverwaltung gewandt. Er schickte ihr eine Daten-CD mit 170 Megabyte vertraulicher Bankunterlagen. In einem der CD beigelegten «Insider-Report» warf er JULIUS BÄR vor, über die Filiale auf Grand Cayman Gewinne in das karibische Steuerparadies zu verschieben und so Steuern in der Schweiz zu umgehen. Die oberste Steuerbehörde wollte dem Verdacht nachgehen und bat die Zürcher Staatsanwaltschaft um Einsicht in die Untersuchungsakten. Sie lieferte die Namen von insgesamt neun Personen oder Firmen mit, die sie der Steuerhinterziehung verdächtigte. Die Staatsanwaltschaft stimmte dem Anliegen zu. Doch dann intervenierte die Bank an der richtigen Stelle: JULIUS BÄR gelangte an die Steuerrekurskommission des Kantons Zürich und verlangte, dass die Steuerverwaltung keinesfalls Einblick in die Unterlagen erhalten dürfe. Schliesslich seien die Daten vom Bankgeheimnis auf den Cayman Islands (nicht in der Schweiz) geschützt; ausserdem handle es sich bei den Vorwürfen lediglich um einfache Steuerhinterziehung. Die Rekurskommission, deren Zuständigkeit umstritten ist, riss den Fall an sich, erklärte die Daten bei der Staatsanwaltschaft für vertraulich und stellte damit sicher, dass die Unterlagen nicht an den Bund weitergegeben werden durften.

Elmer war einmal mehr in einer Sackgasse gelandet.

Auch mit seinen eigenen Anzeigen gegen die Bank blieb Elmer erfolglos. Die Zürcher Staatsanwaltschaft wertete die Verfolgung Elmers und seiner Familie durch Privatdetektive als Lappalie. Zwar anerkannten die Strafverfolger, dass Elmer an seinem Arbeitsort und auch zu Hause beschattet worden war. Trotzdem stellten sie die Ermittlungen ein. Es sei der Polizei nicht gelungen, «die Täterschaft zu eruieren und zu überführen». Zudem erfülle «das blosse Beschatten und Beobachten von Personen auf öffentlichem Grund» den Tatbestand der Drohung nicht.

Elmer war enttäuscht, als er im Dezember 2007 von der Verfahrenseinstellung erfuhr. Er fühlte sich nicht im Geringsten ernst genommen: Die Staatsanwaltschaft hatte weder ihn noch seine Frau noch andere von ihm angegebene Zeugen angehört, die seine Darstellung bestätigen konnten. Er rekurrierte gegen die Verfahrenseinstellung, wurde aber abgewiesen.

Doch Elmer wollte nicht aufgeben. Noch nicht. Ihm blieb eine letzte Hoffnung: das Bundesgericht. Doch bis zu dessen Entscheid würden noch ein paar Jahre vergehen.

Daniel Domscheit-Berg und Rudolf Elmer trafen sich in einem Café am Frankfurter Flughafen. Elmer wirkte aufgeregt, getrieben. Domscheit-Berg sah, dass ihm die Geschichte zu schaffen machte, aber er versuchte, Elmers persönliches Schicksal und sein Wissen über die Finanzbranche auseinanderzuhalten. Denn das Material, über das Elmer verfügte, war brisant. In den USA war die Immobilienblase geplatzt, die Welt steuerte auf die grosse Finanzkrise zu, der internationale Druck auf Steueroasen wie die Cayman Islands oder die Schweiz nahm zu. Domscheit-Berg und seine Kollegen waren sich einig, dass die ungesunden Entwicklungen in der Finanzbranche ein Korrektiv benötigten. «Ich hatte kaum Ahnung von der Finanzindustrie. Aber ich las mich ein, unterhielt mich mit Leuten, die etwas davon verstanden. Bei der Lektüre der Unterlagen fragte ich mich immer wieder: Was zur Hölle treiben die da eigentlich? Wie dreist ist dieses Geschäft? Ich war ja nichts als ein gewöhnlicher Bürger, der kaum eine Ahnung hatte. Nun erhielt ich auf einmal einen tiefen Einblick, wie einige wenige so ihre Geschäfte abwickeln. Für mich und mein Wertegerüst klang das alles total ungesund.»

Andere vertrauliche Dokumente besass WIKILEAKS zu dieser Zeit schon zu Hunderten, aber das hier hatte Vorrang – es hatte das Zeug dazu, eine richtig wichtige Angelegenheit zu werden. WIKILEAKS hoffte, eine Debatte lostreten zu können. Und das Timing schien perfekt: JULIUS BÄR plante gerade, in den USA an die Börse zu gehen.

Elmer und Domscheit-Berg verstanden sich gut. Und Domscheit-Berg fragte sich auch später immer wieder, ob er Elmer irgendwie unterstützen könnte: Der Whistleblower riskierte viel und er suchte offensichtlich Rat oder Hilfe. Etwas anderes als Öffentlichkeit konnte WIKILEAKS ihm nicht bieten, doch für Elmer war das mehr als genug. Am 13. Januar 2008 schaltete WIKILEAKS das erste Dokument auf.

LAVELY & SINGER ist eine renommierte Anwaltskanzlei in Los Angeles. Laut ihrer Selbstbeschreibung vertritt sie «einen Löwenanteil von Hollywoods berühmtesten, gefeiertsten und angesehensten Schauspielern, Produzenten und Regisseuren». Zu den Klienten gehören Stars wie Bruce Willis, Arnold Schwarzenegger und Céline Dion.

WIKILEAKS war eine unbekannte Website, die von einem halben Dutzend Hackern und Programmierern in ihrer Freizeit betrieben wurde. Und die Anwälte von LAVELY & SINGER hatten nicht die leiseste Ahnung, wer hinter WIKILEAKS steckte, als sie am 15. Januar 2008 eine E-Mail aufsetzten.

«Bitte schicken Sie uns unverzüglich Ihre vollständigen Kontaktangaben», forderten die Anwälte. WIKILEAKS habe Inhalte aufgeschaltet, die gegen Geschäftsgeheimnisse verstiessen und von einem ehemaligen Mitarbeiter stammten, der damit Vertraulichkeitsklauseln, Urheberrechte und anderes verletzt habe. Doch WIKILEAKS liess sich von den Warnungen nicht beeindrucken. Genau darauf hatte sich die Plattform ja spezialisiert: auf das Verraten von Geheimnissen.

Den Hollywood-Anwälten war es bitterernst, und das brachte die WIKILEAKS-Aktivisten erst richtig in Fahrt. Sie gaben vor, über eine riesige Rechtsabteilung zu verfügen, die erst abklären müsse, wer für die Sache zuständig sei: «Sehr geehrter Herr Spiegel», antwortete ein gewisser K. Lim im Namen der Website. «WIKILEAKS wird in verschiedenen nationalen Gerichtsbarkeiten geführt. Um Ihre Anfrage an die richtige Stelle zu leiten, bitten wir Sie, uns zu informieren, auf welche Dokumente Sie sich beziehen, den Namen und den Gerichtsstand Ihres Klienten anzugeben sowie die Gerichts-

barkeit, unter welcher L&S rechtliche Forderungen stellt.»
LAVELY & SINGER verstanden keinen Spass. Nach einigem Hin
und Her, bei dem sich die Kanzlei über die unkooperative
Haltung von WIKILEAKS beklagte, schrieben die Anwälte:
«Das ist die letzte Warnung. Sie handeln auf eigenes Risiko.»

Am 23. Januar 2009 veröffentlichten Julian Assange und Daniel Schmitt (Domscheit-Bergs Pseudonym) einen kurzen
Bericht auf der Website, um auf die Einschüchterungsversu-
che der Staranwälte aufmerksam zu machen. Nun wurde
auch klar, dass LAVELY & SINGER die Bank JULIUS BÄR vertrat. WIKILEAKS meldete, dass ausgerechnet eine Schweizer
Bank, «die auf das Verstecken von Vermögen der Superreichen spezialisiert ist», juristisch gegen die «Transparenz-
Gruppe» vorgehe.

Damit waren die Rollen in diesem Konflikt verteilt –
und die Sympathien. «Eine Schweizer Bank gegen eine kleine
Website, die versucht, der Bank an den Karren zu fahren»,
sagt Domscheit-Berg. «Es hätte nicht besser laufen können:
Allen war sofort klar, auf welche Seite sie sich stellen.» Und
dann gelangten die Hollywood-Anwälte auch noch an einen
kalifornischen Richter, der in Ihrem Sinn entschied: Er liess
die Internetdomain wikileaks.org, die in San Francisco registriert war, vom Netz nehmen. «Damit war der Skandal perfekt. Nachdem die Bank die dot-org-Adresse sperren liess,
wurde alles zu einem Selbstläufer.»

Zahlreiche US-Organisationen stellten sich hinter WIKI-
LEAKS: Bürgerrechtsgruppen, Netzaktivisten, der damalige
Präsidentschaftskandidat Ralph Nader, ASSOCIATED PRESS,
die LA TIMES und verschiedene Medienverbände. Weltweit

berichteten Medienhäuser über den Zensurversuch von JULIUS BÄR und veröffentlichten alternative Adressen, unter denen die Website gespiegelt war. Der US-amerikanische Fernsehsender CBS NEWS fasste die Kampagne mit dem eingängigen Titel zusammen: «*Freedom of speech has a number: 88.80.13.160*» – die IP-Adresse, unter der WIKILEAKS weiterhin zu erreichen war.

Jetzt hatte auch der Zürcher Journalist Gian Trepp seinen Ansatz für eine Story. Er griff die Veröffentlichungen auf WIKILEAKS als Erster auf und schrieb am 7. Februar 2008 in der Wochenzeitung WOZ einen Artikel über «die Akten des Hurrikan-Manns». Darin nannte er auch erstmals den vollen Namen des Whistleblowers: Rudolf Elmer, der als Hurricane-Verantwortlicher von JULIUS BÄR Cayman in den Besitz der vertraulichen Akten gelangt sei, prangere auf WIKILEAKS die Steuerpraktiken der Bank BÄR an, die ihn zu einem «Handlanger der Unmoral» hätten werden lassen. Trepp wählte aus dem Dutzend veröffentlichten Dokumentensammlungen den Fall der Investmentfirma SWISSPARTNERS aus. Deren Verwaltungsratspräsident Martin Egli habe gemäss den Akten mit Hilfe der Bank JULIUS BÄR ein komplexes Kapitalflussschema aufgebaut, um Steuern zu hinterziehen. Die Rede war von 150 bis 200 Millionen US-Dollar, die so versteckt worden waren. Sowohl JULIUS BÄR als auch SWISSPARTNERS bestritten alle Vorwürfe und erklärten, die Strukturen seien legal und mit den Steuerbehörden abgesprochen. Erst sechs Jahre später feierten Elmer und Trepp einen kleinen Triumph. SWISSPARTNERS-Präsident Martin Egli geriet an einen mächtigeren Kontrahenten und knickte ein: Gegenüber den amerikanischen Justizbehörden legte er die Namen von über 100 US-Kunden offen, die über Offshore-Strukturen von SWISSPARTNERS Steuern hinterzogen hatten. Das Department of Justice lobte die «ausserordentliche Kooperation von SWISSPARTNERS, die ermöglichte, US-Steuerbetrügereien zu identifizieren». SWISSPARTNERS bezahlte vier Millionen US-Dollar Strafe und einigte sich so mit den US-Behörden.

Aber 2008 sprang in der Schweiz niemand auf die Enthüllungen an. «Es hat niemanden beeindruckt», erinnert sich Gian Trepp. «Warum? Ich glaube, die Leute wussten ja, dass dieses Geschäft so läuft. Der Bank BÄR wurden zwar die Hosen runtergelassen. Aber damit Bankenstorys wirklich einschlugen, musste es schon ein Riesenskandal sein.»

Trepp recherchierte weiter. Ein paar Monate später publizierte er einen Artikel über den sogenannten MOONSTONE TRUST. Dieser Trust war ein Finanzvehikel, mit dem Dr. R.S., einer der reichsten Deutschen, mutmasslich Steuern hinterzogen haben soll. Die Münchner Staatsanwaltschaft eröffnete ein Verfahren, durchsuchte zwei Jahre später das Haus von R.S., ermittelte jahrelang weiter, stellte aber letztlich das Ermittlungsverfahren «in Ermangelung eines Tatverdachts» ein. Brisant war der Fall MOONSTONE TRUST aber nicht nur wegen R.S., sondern weil in den Dokumenten auch der Name einer bekannten Schweizer Persönlichkeit auftauchte: Pietro Supino, Chef des Verlagshauses TAMEDIA. Der Wirtschaftsanwalt, der seine Dissertation über das Trust-Wesen geschrieben hatte, war gemäss den Elmer-Akten an der Gründung des MOONSTONE TRUST beteiligt. Doch Supino spielte seine Bedeutung herunter: In einer kurzen Stellungnahme, die er seither bei jeder Nennung seines Namens in diesem Zusammenhang verbreiten lässt, heisst es, er habe damals bloss «als junger Anwalt und persönlicher Mitarbeiter von Dr. Thomas Bär bei [der Kanzlei] BÄR & KARRER» gearbeitet. Die Verantwortung habe stets sein Vorgesetzter, der Anwalt Thomas Bär, getragen, der damals auch Verwaltungsratspräsident der Bank JULIUS BÄR war. «Die Errichtung des MOONSTONE TRUST geschah ausschliesslich auf direkte Anweisung meines Vorgesetzten Dr. Thomas Bär. Aufgrund der Position von Dr. Thomas Bär und meiner Aufgabe als sein persönlicher Mitarbeiter hatte ich keinerlei Anlass, an der Rechtmässigkeit dieser Anweisung zu zweifeln. Es war mir im Verlauf meiner bisherigen beruflichen Karriere stets ein persönliches Anliegen, korrekt und verantwortungsbewusst zu handeln.» Da das Berufsverhältnis Mitte 1998 aufgelöst worden sei, schrieb Supino weiter, wünsche er, «in Zukunft nicht mehr in diese Angelegenheit involviert zu werden».

Nachdem die Website von WIKILEAKS im Februar 2008 kurzzeitig vom Netz genommen wurde, interessierten sich plötzlich internationale Medien für den Fall JULIUS BÄR vs. WIKILEAKS. Es war der Beginn einer breiten Debatte über die Bedeutung von Whistleblowing, anonymen Quellen und Veröffentlichungen geheimer Dokumente. Ein US-Gericht hob die Sperre von wikileaks.org wenig später auf und die Website ging wieder online.

Seither ist es keiner anderen Organisation je wieder gelungen, WIKILEAKS vom Netz zu nehmen.

Für die Macher von WIKILEAKS war die Auseinandersetzung mit JULIUS BÄR der grosse Durchbruch. Auf einen Schlag waren sie weltweit bekannt, die «gefährlichste Website der Welt». In der Bank hingegen kochte man vor Wut. Die Auseinandersetzung mit WIKILEAKS kostete JULIUS BÄR jede Menge Geld: Die Bank hatte in jenem Jahr den Gang an die US-amerikanische Börse geplant. Infolge des Datendebakels und der Auseinandersetzung mit WIKILEAKS platzte jedoch das *Initial Public Offering* in den USA, was JULIUS BÄR rund 300 Millionen US-Dollar gekostet haben soll. Weltweit wurden die Veröffentlichungen debattiert. Man rätselte, wer hinter der Enthüllungsplattform stand, in Medien war oft von chinesischen Dissidenten die Rede. Währenddessen reisten Domscheit-Berg und seine Kollegen durch Europa, um ihre Infrastruktur auszubauen und Server in verschiedenen Rechenzentren zu verteilen. «Als wir nach Zürich kamen, gingen wir spätabends an die Bahnhofstrasse, Höhe Paradeplatz, standen vor dem Sitz von JULIUS BÄR und posierten für Fotos. Wir standen nachts vor diesem Laden und lachten: Wenn die wüssten, dass wir hier direkt vor ihrer Nase stehen ...»

In Wahrheit wurde WIKILEAKS zu Beginn völlig überschätzt. Niemand wusste, wer wirklich dahintersteckte, wie wenige Leute für die Plattform arbeiteten. WIKILEAKS war in diesen Tagen wie ein Kugelfisch: Sie blies sich gross auf, dabei war sie furchtbar klein.

«Dieses Konzept funktionierte sehr gut», sagt Domscheit-Berg und holt aus. «Da war ein Mensch an uns gelangt, ein ehemaliger Banker mit einer riesigen Leidensgeschichte, der das Bedürfnis hatte, sich mit irgendwem darüber zu unterhalten. Ich kam wie die Mutter zum Kind: Ich hatte Null Erfahrung, aber Einfühlungsvermögen, eine kritische Grundhaltung und den Willen, diese Geschichte wirklich zu verstehen. Als Elmer zu WIKILEAKS kam, war sein Motiv nicht relevant für uns. Die Medien hat diese Frage aber wahnsinnig beschäftigt. Das ist okay, das gehört zur Geschichte drumherum. Aber entscheidend ist doch: Ist die Information, die er bringt, richtig? Ist sie echt? Ist das die Wahrheit?

Die Unterlagen von Elmer hatten Hand und Fuss: Sie belegten zahlreiche Fälle von Steuerumschiffung. Dass man anschliessend vor allem über Elmer und weniger über die Publikationen berichtete, sehe ich als klassisches Derailing: Man lenkt vom Thema ab, indem man die Person angreift. Das haben wir bei WIKILEAKS immer wieder erlebt. Ein Stück weit schaffte es Elmer zwar, seine eigene Geschichte zu erzählen. Aber gerade in der Schweizer Öffentlichkeit, die eine ganz eigene Einstellung zum Thema Banken und Bankgeheimnis hat, schaffte man es, ihn als verrückten Banker darzustellen: Er sei gerne und lange Teil eines Systems gewesen, habe davon profitiert und sei irgendwann durchgedreht und habe eine persönliche Fehde gegen die Bank geführt.

Doch es brauchte jemanden, der eine Fehlerkorrektur vornahm. Es gab ja Fälle, wo die Justiz ermitteln musste, der Börsengang der Bank in den USA platzte – aber das alles ist nicht entscheidend. Es ist fast egal, was die Folgen von Elmers Whistleblowing waren. Man könnte ja auch fragen: Was hat WIKILEAKS erreicht? Wir haben die Diplomatie nicht abgeschafft, nur weil wir Diplomaten-Depeschen veröffentlicht haben. Wir haben auch keinen Krieg beendet mit unseren Publikationen über Afghanistan und den Irak. Aber was das Thema Whistleblowing angeht, haben wir einen kulturellen Wandel ausgelöst, einen neuen Zeitgeist geschaffen: Wir haben die Frage aufgeworfen, ob es neue Wege und Plattformen für eine Arbeit braucht, die klassischerweise die Medien innehatten. Und Rudolf Elmer hat natürlich dazu beigetragen, die Themen Bankgeheimnis und Steuerhinterziehung auf den Tisch zu bringen. Er war nicht der Einzige, aber Elmer war der Erste. Er hat alles ins Rollen gebracht. Das hat mich immer beschäftigt bei Whistleblowern: Da ist ein Mensch, der gibt Dokumente weiter. Und danach profitieren eine Reihe Leute nach ihm von dieser Tat. Der

Einzige, der nichts davon hat, ist der Whistleblower, der Mensch, der am meisten riskiert.

Es geht am Ende also nicht um einzelne Dokumente oder darum, ob jemand wegen Elmers Unterlagen ins Gefängnis musste. Elmer hat geholfen, eine wichtige Frage in die Gesellschaft zu tragen. Und das ist sein Verdienst.»

Die BÄR-Dokumente

WIKILEAKS setzte die Enthüllungen im Laufe des Jahres fort. Bis im Frühling 2009 veröffentlichte die Plattform insgesamt 37 Falldossiers zur Bank JULIUS BÄR. Es war ein Wust an Daten, der bis heute weltweit einsehbar ist: Briefe, Verträge, Sitzungsprotokolle, unendlich lange Tabellen. Tausende Dokumente, oft schwer verständlich, die aber mit der nötigen Fachkenntnis die Tür in zwei höchst verschwiegene Welten öffneten: die der Schweizer Banken und die des Steuerparadieses Cayman Islands.

In einem Whistleblower-Brief, der am 29. Februar 2008 auf WIKILEAKS erschien, warf Elmer der Bank verschiedene Geschäftsmethoden vor, die ihn «gegen Moral und Ethik» hatten verstossen lassen. Die Praktiken mochten legal sein – sie waren in der Finanzbranche jedenfalls weit verbreitet –, aber zumindest aus heutiger Sicht waren sie mit Sicherheit illegitim.

Elmer hatte bei seiner Arbeit auf den Cayman Islands nur selten persönlich reiche Kunden an vornehme Anlässe oder auf den Golfplatz begleiten müssen. Seine Hauptaufgabe war eine andere: möglichst viel Geld zu scheffeln. Laut Elmers Whistleblower-Brief lief dieses Geschäft folgendermassen ab:

Elmers Arbeitgeberin, die JULIUS BAER BANK AND TRUST COMPANY auf den Cayman Islands, war eine hundertprozentige Tochtergesellschaft der JULIUS BÄR Holding in Zürich. Die Cayman-Tochter war eine riesige Geldmaschine für den Konzern: Sie investierte in das konzerneigene Wertschriftenportfolio, die Verwaltung der Anlagen aber erfolgte in Zürich. Käufe, Verkäufe, Risikomanagement – alle wichtigen Entscheide wurden in der Schweiz getroffen. Auf Cayman musste Elmer allerdings Bestätigungen schreiben, die das Gegenteil belegten. Die JULIUS BAER BANK AND TRUST COMPANY führte eine «Schattenbuchhaltung».

Elmer beschrieb weitere Konstrukte, die die Bank eingerichtet hatte: eine konzerneigene Versicherungsgesellschaft etwa, die fiktive Dienste leistete, die als Aufwand verbucht werden konnten, um wiederum die Steuern zu minimieren.

Sinn und Zweck dieser Versteckspiele: Die Bank verschob ihre Konzerngewinne so auf die Cayman Islands, wo sie keine Steuern zahlen musste. Der Gewinn floss dann als Dividende zurück an die Holding nach Zürich, wo die Bank – wegen des Holdingprivilegs – ebenfalls keine Steuern zahlte. Der Schweiz, schrieb Elmer auf WIKILEAKS, entgingen allein in den Jahren 1997 bis 2003 jährlich rund zehn Millionen Franken an Steuern.

Ganz ähnlich funktionierte das Prinzip bei den Produkten, die die Bank ihren hoch vermögenden Kunden anbot: mit verschiedenen hintereinander gestaffelten Gesellschaften liessen sich Herkunft und Eigentümer gewisser Vermögenswerte verschleiern und Steuern vermeiden.

WIKILEAKS veröffentlichte zum Beispiel das Dossier «Frantmar». Die griechische Reederei-Erbin Anna Kanellakis hatte mit Hilfe der JULIUS BÄR auf Cayman Islands einen Trust namens Frantmar eingerichtet, über den verschiedene Frachter registriert wurden. Bankintern gab es Skepsis über die Art und Weise, wie der Trust von «Mrs. K» genutzt wurde – jährlich wurden rund fünfzehn Millionen US-Dollar in den Trust verschoben. Man würde es deshalb vorziehen, hiess es in den Unterlagen, wenn Kanellakis ein Konto in Zürich eröffnen würde, das auf ihren Namen liefe. Doch Kanellakis wollte dies auf keinen Fall.

Auf der Enthüllungsplattform war auch ein Dossier zu Roseana Sarney. Die Brasilianerin war Abgeordnete im Parlament und Gouverneurin des Bundesstaats Maranhão im Norden Brasiliens. Sarney ist die Tochter des ehemaligen brasilianischen Präsidenten José Sarney und entstammt einer Familiendynastie, die wie kaum eine andere für Korruptionsskandale steht. Im Jahr 2002 fand die Polizei bei einer Hausdurchsuchung mehrere hunderttausend US-Dollar Bargeld, deren Herkunft Sarney und ihr Ehemann nicht erklären konnten. Die damalige Präsidentschaftsanwärterin musste ihre Kandidatur daraufhin im Strudel von Korruptionsvorwürfen zurückziehen. Die Unterlagen von Rudolf Elmer zeigten später, dass das Ehepaar Sarney Begünstigte eines Trusts namens CORONADO waren, der mit Hilfe der JULIUS BÄR auf Cayman Islands eingerichtet worden war. Die idealtypische Trustkonstruktion im Fall Sarney ermöglichte es einem Dritten, das Vermögen zu verwalten, ohne dass die eigentlichen Eigentümer aufschienen. Sie erstreckte sich denn auch über mehrere verschachtelte Gesellschaften. (Das Ehepaar erklärte damals, der Trust sei lediglich zum Schutz des Vermögens geschaffen worden.)

In den «BAER Files» von WIKILEAKS gab es auch Unterlagen zu zwielichtigen Bankkunden. Zum Beispiel Arturo Acosta Chaparro. Der ehemalige Brigadegeneral des mexikanischen Militärs hatte in den 1990er Jahren eine Investmentgesellschaft namens SYMAC gegründet. Elmer warf JULIUS BÄR vor, dass sie der sogenannten *Know-Your-Customer*-Pflicht nicht nachgekommen sei, als sie Chaparro als Kunden akzeptierte. Zur Zeit der Firmengründung seien gegen Chaparro bereits verschiedene Strafverfahren gelaufen. Ab 2002 musste Chaparro wegen seiner Verbindungen zum Juárez-Drogenkartell für mehrere Jahre ins Gefängnis. Zudem wurde ihm vorgeworfen, er habe in den 1960er und 1970er Jahren im Kampf gegen linke Studenten- und Guerillagruppen mehrere hundert Menschen verschwinden lassen. 2012 wurde Chaparro mit drei Kopfschüssen auf offener Strasse ermordet.

Ein anderer Fall: eine vertrauliche Investorenliste eines Offshore-Fonds der CARLYLE GROUP, einer der grössten Private-Equity-Firmen der USA. Der britische GUARDIAN wertete die Unterlagen, die er von Rudolf Elmer erhalten hatte, Anfang 2009 in einer Serie über Steuerparadiese aus: Der Fonds, in den über sechzig reiche Privatkunden und Unternehmen rund 230 Millionen US-Dollar investiert hatten, handelte an seinem Sitz in Washington mit US-amerikanischen Wertpapieren. Auf dem Papier allerdings wurde der Fonds von einer Gesellschaft auf den Cayman Islands gesteuert. Die Korrespondenz dieser Gesellschaft wiederum wurde gegen eine Gebühr von Schweizer Bankern auf den Cayman Islands geführt. Diese Verschleierungskonstruktion half den reichen Investoren dabei, Steuern zu umgehen.

Zu den Investoren gehörten etwa der saudische Prinz Talal bin Abdul-Aziz oder auch der Waffenhändler Akram Ojjeh, die beide mehr als eine Million US-Dollar in einen Offshore-Fonds der CARLYLE GROUP investiert hatten. CARLYLE bestätigte gegenüber dem britischen GUARDIAN damals, dass die Dokumente echt seien, betonte jedoch, die Steuerbehörden nicht betrogen zu haben. Der GUARDIAN hielt an seiner Darstellung fest: Die Tarnkonstruktion über die Cayman Islands mache die Deklaration von Gewinnen zu einer freiwilligen Angelegenheit.

Handelte es sich bei diesen Fällen um Steuerbetrug, um Geldwäscherei? Wurden Gelder unbekannter oder gar krimineller Herkunft verwaltet und versteckt?

Mehrfach wandte sich Elmer mit seinen Unterlagen an Strafverfolger in der Schweiz, in Deutschland oder auch in den USA – anders als viele Whistleblower nach ihm stets ohne finanzielle Gegenleistung, wie Elmer betont. In der Folge kam es zu verschiedenen Nachsteuer- und Bussverfahren. Aber über deren Ergebnisse wurde kaum je etwas bekannt. Ob und wie viel Elmers Informationen auch international dazu beitrugen, dass JULIUS BÄR beispielsweise in Deutschland und später auch in den USA Rekordbussen zahlen musste, ist unklar. Jedenfalls teilte Elmer sein Wissen über die Gepflogenheiten in den Steueroasen dieser Welt mit verschiedenen Behörden und Medien.

Nach den Veröffentlichungen auf WIKILEAKS wurde Elmer rasch zum international anerkannten Whistleblower: Deutsche Talkshows buchten ihn als Insider, Universitäten luden ihn als Experten ein, politische Kommissionen und Ausschüsse zu Steuerhinterziehung in ganz Europa baten um seine Einblicke.

Bald folgten andere Whistleblower – und sorgten damit für noch mehr Schlagzeilen. Der bisher grösste Wirbel entstand im Februar 2015: Eine Reihe von Medienhäusern rund um die Welt lancierten eine gross angelegte Artikelserie unter dem Titel *Swissleaks*. Rund 140 Reporter aus 45 Ländern wühlten unter der Leitung des in Washington ansässigen International Consortium of Investigative Journalists (ICIJ) monatelang in einem gigantischen Satz Daten der britischen Bank

HSBC. Das Ergebnis: Dutzende Enthüllungen über Fälle von mutmasslicher Geldwäscherei, Steuerhinterziehung und Drogengeschäften.

Die geheimen Daten der Bank hatte der französische IT-Experte Hervé Falciani im Jahr 2008 an seinem Arbeitsort entwendet, der Genfer Filiale von HSBC. Er versuchte, die Daten zu verkaufen. Am Ende landeten die vertraulichen Bankinformationen bei verschiedenen Geheimdiensten und Steuerbehörden. Die ehemalige französische Finanzministerin Christine Lagarde zum Beispiel gab einen Teil der Daten an die von der Wirtschaftskrise geplagten griechischen Kollegen weiter, damit diese säumige Steuerzahler belangen konnten. Die Daten landeten auch bei der französischen Tageszeitung LE MONDE. Diese wandte sich an das ICIJ, das bereits Erfahrung darin hatte, Hundertschaften von investigativen Journalisten zusammenzubringen und Unmengen von Daten zu analysieren.

3,3 Gigabyte, 59 058 Dateien, 59 802 Konten, 81 458 Unterkonten, die einen Gesamtwert von 75 Millionen Euro verkörperten – *Swissleaks* war das grösste Bankdatenleck, das die Welt je gesehen hatte.

Hervé Falciani, der Datendieb und Whistleblower, wurde kurz vor Weihnachten 2008 in Genf verhaftet. Doch Falciani überredete die ermittelnde Staatsanwältin, ihn über Nacht auf freien Fuss zu setzen. Zu Hause warteten doch Frau und Kleinkind. So übertölpelte Falciani die Staatsanwältin. Statt am nächsten Morgen wieder aufzutauchen, setzte sich Falciani nach Frankreich ab. Ende 2015 wurde er vom Bundesstrafgericht in Bellinzona in Abwesenheit zu einer fünfjährigen Freiheitsstrafe verurteilt.

Hervé Falcianis Motiv war keinesfalls ehrenvoller als das von Elmer: Anders als der Schweizer Buchhalter, wollte Falciani Geld. Aber Falcianis Schatz war grösser, brisanter, erdrückender. Und so kam es in der Folge der Enthüllungen zu zahlreichen Strafverfahren, deren Ausgang in vielen Fällen noch aussteht. Allein in Deutschland droht nach der Medienkampagne rund 1000 Personen ein Strafverfahren wegen Steuerhinterziehung. In der Schweiz eröffnete die Genfer Staatsanwaltschaft ein Verfahren wegen qualifizierter Geldwäscherei gegen die HSBC. Nur wenige Monate später kaufte sich die Bank allerdings frei: HSBC einigte sich mit den Genfer Strafverfolgern und zahlte 40 Millionen Franken, im Gegenzug wurde das Verfahren eingestellt.

Elmer fand viel Anerkennung bei internationalen Medien, aber die hiesigen Behörden nahmen seine Daten über Jahre kaum zur Kenntnis. Warum?

Elmer hat bis heute keine eindeutige Antwort auf diese Frage gefunden. War er weniger glaubwürdig als Hervé Falciani, der als Zocker und Womanizer beschrieben wurde? Bargen seine Daten keinen Sprengstoff? War Elmer der Zeit voraus, als er 2004 Bär-Kunden bei den Steuerbehörden anprangerte? War er ein «Whistleblower zur Unzeit», wie sein Freund Niklaus Scherr sagte? Waren seine Fälle zu komplex? Die Hinweise zu dünn?

In Elmers Dokumenten fanden sich zwar unzählige Kundennamen. Aber viele waren zu wenig prominent, die Belege dafür, dass tatsächlich Straftaten vorlagen, weniger deutlich als etwa bei den *Swissleaks*-Enthüllungen 2015. Elmers Fall war jedoch in anderer Hinsicht bedeutend: Er zeigte als Erster aus dem Inneren, wie die (oft legalen) Tricks der Steuerumgehung funktionierten. Und: Es war bislang einzigartig gewesen, dass ein Schweizer Banker gegen die eigene Bank vorging. Auf Elmer folgten andere: Heinrich Kieber, Bradley Birkenfeld, Hervé Falciani …

Doch Elmer hat das Tabu gebrochen. Elmer packte aus. Die Bedeutung seines Falls lag nicht in erster Linie darin, welche Geheimnisse er verriet. Entscheidend war, dass er sie verriet.

Tag der Wahrheit

Rudolf Elmer war müde an diesem Abend des 19. Januar 2011, und als er mit Heidi und einem Freund in seinen Wagen stieg, ahnte er nicht, dass er das nächste halbe Jahr in Untersuchungshaft verbringen würde.

Das Bezirksgericht hatte ihn zu einer milden Strafe verurteilt: Elmer wurde der mehrfachen Drohung sowie der Verletzung des Bankgeheimnisses für schuldig befunden. Die Geldstrafe betrug 7 200 Franken und wurde bedingt ausgesprochen.

Aber nun stand er in Handschellen in seiner Küche, nachdem er in der Tiefgarage verhaftet worden war, und sah zu, wie die Polizisten seine Wohnung durchsuchten, weil er am Montag zuvor in London vor die Medien getreten war und Julian Assange zwei CDs übergeben hatte – mit Schweizer Bankdaten, wie die Strafverfolger behaupteten.

Elmer war überzeugt, dass er sich nichts hatte zuschulden kommen lassen. Bevor Heidi und die Tochter Unterschlupf bei Freunden suchten, sagte er ihnen noch: Keine Sorge, in zwei Tagen bin ich sicher wieder draussen.

Aber Heidi hatte ihre Zweifel. Schon als Elmer ihr ankündigte, nach London zu fliegen, hatte sie ihre Bedenken geäussert. Sie fand den Zeitpunkt für eine Pressekonferenz mit Julian Assange nicht günstig: ausgerechnet zwei Tage vor dem ersten Gerichtsverfahren in Zürich. Aber Elmer erwiderte, er wisse ja nicht, was nach dem Prozess geschehe – ob er dann überhaupt noch Gelegenheit hätte, über seinen Fall zu reden.

Dass Elmer wegen der Pressekonferenz gleich verhaftet würde, hatten beide nicht erwartet. Was Heidi Elmer aber noch mehr Sorgen bereitete: Die Staatsanwaltschaft ermittelte nicht nur gegen ihren Mann, sondern auch gegen sie. Sie eröffnete ein Verfahren wegen Beihilfe zur Bankgeheimnisverletzung. Heidi galt als Komplizin.

Heidi Elmer hatte alle Turbulenzen hautnah erlebt, vom Lügendetektortest und der Kündigung bis zur Verfolgung auf der Autobahn. Aber jetzt, in diesem Januar 2011, begann für sie das vielleicht schwierigste Halbjahr ihres Lebens: Ihr Mann sass hinter Gittern, ihre elfjährige Tochter war allein und sie durfte auf keinen Fall ihren Job verlieren. Sie brauchte dringend einen Anwalt.

Rudolf Elmer konnte es nicht fassen. Er hatte an der Pressekonferenz mit dem WIKILEAKS-Gründer Assange mit Absicht keine Kundennamen und keine Bank genannt. Es gab in seinen Augen keinen Beleg dafür, dass er das Schweizer Bankgeheimnis verletzt hätte. Er stritt die Vorwürfe ab. Und behauptete, die CDS, die er Assange übergeben hatte, seien leer gewesen. Die Staatsanwaltschaft glaubte ihm kein Wort. Sie brachte ihn ins Gefängnis in Winterthur.

Während 23 Stunden am Tag sass Elmer nun in einer Einzelzelle. Eine Stunde hatte er jeweils Freigang im vergitterten Innenhof. Dann spielte er gemeinsam mit zehn anderen Häftlingen Tischtennis oder ging ganz einfach im Kreis. Gegen halb sieben gab es Frühstück. Kaffee oder Ovomaltine. Dazu zwei oder drei Stück Brot.

Mit der Zeit durfte er arbeiten: drei Stunden am Morgen, zwei Stunden am Nachmittag. Zwiebeln schälen, Gepäckträger zusammenstecken, Wäsche waschen, Kartonschachteln falten. Einmal in der Woche erlaubte die Gefängnisleitung

Sport: eineinhalb Stunden. Also vergrub sich Elmer meistens hinter der FINANCIAL TIMES und den Büchern, die ihm seine Frau zukommen liess.

Zu Beginn organisierte Heidi alle zwei Wochen einen Besuchstermin für ihre Tochter. Später nur noch einmal im Monat. Sie fuhr gemeinsam mit Grossmutter und Tochter nach Winterthur, ging an den Schalter und meldete die beiden an. Sie zahlte Geld ein, damit ihr Mann im Gefängnisshop einkaufen konnte: Rasierschaum, Zahnpasta und andere Kleinigkeiten.

Besuchen durfte sie ihren Mann nicht, weil sie selber beschuldigt wurde. Sie hätte sich ja mit ihm absprechen können. Heidi empfand das als Schikane.

Manchmal, wenn Tochter und Grossmutter in den Besucherraum gingen, blieb die Tür gerade lange genug offen, dass Heidi ihren Mann einen Augenblick lang sehen konnte. Das war während fast drei Monaten der einzige Kontakt, den die beiden hatten. Bis Ostern. Bis zu Heidis 50. Geburtstag. Sie schrieb der Staatsanwaltschaft einen Brief und bat darum, ihren Mann wenigstens an diesem Tag besuchen zu dürfen. Zu ihrem Erstaunen willigte der Staatsanwalt ein.

Im April musste Rudolf Elmer für eine Einvernahme nach Zürich. Und Heidi durfte ihn danach eine Stunde lang in den Büros der Staatsanwaltschaft sehen. Berührungen waren nicht erlaubt und während der ganzen Zeit war der Staatsanwalt oder ein Polizist anwesend.

Heidi hatte sich auf das Gespräch vorbereitet. Es lief ab wie eine Prüfung: Sie fragte, er antwortete. Rudolfs Mutter hatte eine Herzoperation hinter sich und nun sollte sie in ein Altersheim. Also hatte Heidi etwa ein Dutzend Punkte aufgeschrieben, die sie mit Rudolf besprechen wollte. Sie kam nicht mal bis zur Hälfte.

Abwechslung boten im Gefängnis nur die Gespräche mit anderen Insassen. Bei der Arbeit oder während des Freigangs im Hof konnten sie sich manchmal unterhalten. Elmer lernte einen Banker der UBS kennen, mit dem er sich auf Anhieb gut verstand. Dann war da ein Bankräuber, dem die Polizei auf der Flucht ins Bein geschossen hatte. Oder ein Drogenhändler, mit dem Elmer einige Zeit verbrachte. Er war kein grosser Drogenbaron, fand Elmer, eher ein leichtgläubiger Mann, der schnelles Geld hatte machen wollen.

Dann klingelte eines Tages bei Heidi Elmer das Telefon.

«Frau Elmer, Sie können Ihren Mann abholen.»

Heidi war völlig perplex. «Sind Sie sicher?»

Sie rief sofort die Anwältin an. Dann sagte sie ihrer Chefin, dass sie den Nachmittag freinehmen müsse. Sie fuhr nach Hause, holte die Tochter ab und erklärte dem Lehrer, dass sie am Nachmittag nicht in die Schule komme.

Etwa um 15 Uhr des 25. Juli 2011, 187 Tage nach Rudolf Elmers Verhaftung in der Tiefgarage, nahmen Mutter und Tochter ihren Ehemann und Vater in Empfang. Heidi packte seine Sachen ins Auto und fragte, was er am liebsten machen würde.

«Jetzt hätte ich Lust auf ein Glacé.»

Als Rudolf Elmer 2005 zum ersten Mal aus der Untersuchungshaft entlassen wurde, war er ein Häufchen Elend. «Ein gebrochener Mann», wie Heidi sagt. Er war körperlich ausgelaugt und psychisch angeschlagen. Dieses Mal war es anders. Die Gefängnisroutine hatte sich zwar in Elmer eingeschrieben, er war wortkarg und stand jeden Morgen pünktlich um 6 Uhr auf, aber er konnte besser mit der Situation umgehen. Das hatte auch damit zu tun, dass Elmer einen wichtigen Sieg vor Gericht errungen hatte.

Anfang März 2011, Elmer war erst zwei Monate in Untersuchungshaft, fällte das Schweizer Bundesgericht ein Urteil, das ihm Bestätigung und Auftrieb gab: Die oberste Schweizer Rechtsinstanz entschied, dass die Zürcher Staatsanwaltschaft auf Elmers Anzeigen wegen der Beschattungen durch Privatdetektive eingehen müsse. Zuvor war Elmer in allen Instanzen gescheitert: Es hiess, die Täterschaft hätte nicht ermittelt werden können. Es hiess, die Detektive hätten die Familie bloss verdeckt observiert. Es hiess, Stalking sei kein Straftatbestand. Es hiess, man könne keine Einschränkung für die Familie erkennen.

Am 7. März 2011 aber erhielt Elmer endlich recht. Das Bundesgericht stellte fest, dass sich die Zürcher Justiz «willkürlich» verhalten hatte und der Sache neu annehmen müsse. Es verlangte auch, dass abgeklärt werden müsse, wann und wie oft die Privatdetektive «mit quietschenden Reifen» durch Elmers Wohnquartier gefahren waren. Die Einschätzung, dass «einzelne Detektive einfach ein hohes Risiko eingegangen sind, um schneller einen Erfolg auszuweisen», hielt das Bundesgericht für fragwürdig. Schliesslich hätten die Detektive Elmers Mitarbeiterinnen vor dem Büro angesprochen und ihnen ein Foto von ihm gezeigt.

«Gegen ein verdecktes Observieren», schrieb das höchste Gericht, «spricht auch die Angabe des Beschwerdeführers

[Elmer], ein Detektiv habe der Beschwerdeführerin [Elmers Tochter] einen Apfel offeriert, um sie in Angst und Schrecken zu versetzen.»

Nachdem die Zürcher Staatsanwaltschaft in all den Jahren nur Elmers Gegenseite angehört hatte, würde sie nun endlich auch seine Darstellung aufnehmen müssen. Für die Zürcher Justiz, für die Bank und für die Privatdetektei war das Urteil eine Blamage.

Heidi Elmer war aufgeregt. Ein Monat war seit der Entlassung ihres Mannes aus dem Gefängnis vergangen. Und nun wurde sie im Fall der mutmasslichen Nötigung ihrer Familie von der Staatsanwaltschaft als Zeugin befragt. Sie hatte sich Notizen gemacht: Sie listete auf, wie oft sie fremde Männer an ihrem Wohnort beobachtet hatte, wann diese mit quietschenden Reifen durch die Wohnstrasse gerast waren. Sie erwähnte die Todesdrohungen, die sie per Mail erhalten hatte, beschrieb, wie sehr die Beschattungen ihren Alltag eingeschränkt hatte. Am Ende waren es sechs A4-Seiten, die sie zu den Akten gab.

Zwei Tage später fuhr sie wieder nach Zürich. Dieses Mal in Begleitung von ihrem Mann und seiner Anwältin Ganden Tethong. Die drei begaben sich in den obersten Stock des Zürcher Bezirksgebäudes und betraten einen grossen Saal mit Dachschräge. Die Tische waren in U-Form angeordnet. Heidi und Rudolf Elmer sassen mit der Anwältin auf die Fensterseite und warteten.

Für Heidi Elmer war das der beste Tag seit der Kündigung ihres Mannes auf den Cayman Islands vor fast zehn Jahren. Es war der Tag der Wahrheit, der Tag, an dem die

Bank und die Privatdetektive Rechenschaft ablegen mussten für die Verfolgung von Rudolf Elmer und seiner Familie.

Einer nach dem anderen betraten sie den Raum: insgesamt sechs der obersten Verantwortungsträger von JULIUS BÄR, darunter ehemalige wie amtierende Top-Manager der Privatbank, Mitglieder der Familie Bär, dann der Geschäftsführer der Privatdetektei RYFFEL, der externe Berater und Mittelsmann, über den die Bank die Privatdetektive angeheuert hatte, sowie die Anwälte der beschuldigten Personen.

Sie setzten sich den Elmers gegenüber, in einer langen Reihe. Sie schienen locker und selbstbewusst. Der Geschäftsführer der Detektei hingegen machte keinen Hehl daraus, dass er die Schnauze langsam voll hatte vom Fall Elmer.

Zum ersten Mal sassen alle vereint in einem Raum, in Anwesenheit eines Staatsanwalts, der entschlossen schien, die Sache zu einem Abschluss zu bringen.

Heidi Elmer will ihre Freude gar nicht verkneifen, wenn sie von diesem Tag erzählt. «Für diese Leute war das vielleicht nur ein kleiner Kratzer an ihrem Ego. Aber ich habe es mit Genugtuung aufgenommen, dass sie mit ihrer legeren Haltung nicht einfach durchkamen. Das wäre alles nicht nötig gewesen, wenn die Bank damals auf Cayman Islands einen besseren Business-Entscheid gefällt hätte. Nicht, dass sie Ruedi nicht hätte entlassen dürfen. Aber die Art und Weise, wie sie das tat, war nicht in Ordnung. Ruedi hatte sich immer sehr loyal zur Bank verhalten, er war ja dort gross geworden. Dass man ihn dann so schäbig abfertigte, das fand ich falsch und ungerecht. Extrem ungerecht. Sie machten Ruedi regelrecht fertig und stellten ihn im Nachhinein als Psycho dar. Dabei glaube ich, dass vieles in einem sachlichen Gespräch hätte geregelt werden können.»

Um 9.05 Uhr an diesem Freitagmorgen Ende August eröffnete der Staatsanwalt die Konfrontationseinvernahme.

Er erklärte den Anwesenden ihre Rechte, dann schilderte er ihnen den Sachverhalt.

In Heidi Elmers Erinnerung war vor allem der Geschäftsführer der Privatdetektei sehr aufgeregt: «Die Herren von der Bank hingegen sassen *gschniglet* und *büglet* in ihren Anzügen und Krawatten da. Wirklich *businesslike* sahen die aus. Anfangs gaben sie sich alle sehr siegessicher, als könnte ihnen nichts passieren. Sie hatten ja eine starke Bank im Rücken. Einer redete dem anderen nach dem Mund. Sie spielten alles herunter: Was der Herr Elmer da so erzählt, das ist doch übertrieben. Jeder behauptete: Ich habe den Auftrag nicht gegeben. Denn sie hatten von der Chefetage aus über die Human-Resources-Abteilung einen Zwischenmann eingeschaltet. Sie seien damit fein raus, dachten sie. Der Hans, der schickt den Joggel aus – so machen das die Oberen, damit sie immer schön eine reine Weste behalten. Aber dann änderte sich das Bild rasch. Und während der Einvernahme wurden die immer kleiner.»

«Ich habe nichts dazu zu sagen»

Auszug aus der Konfrontationseinvernahme vom 25.8.2011.

Fragen an alle

Sie kennen die Vorwürfe, welche Ihnen von Herrn Elmer gemacht werden. So sollen Sie zusammengefasst dafür verantwortlich sein, dass er und seine Familie in Freienbach (SZ) und Zürich in den Jahren 2004 und 2005 derart observiert wurden, dass sie in ihrer Bewegungsfreiheit eingeschränkt wurden, und Sie sollen dabei auch in Kauf genommen haben, dass er und seine Tochter gesundheitliche Schäden psychischer Art davontrugen. Was sagen Sie dazu?

Erstes Geschäftsleitungsmitglied: Ich habe dazu nichts zu sagen.

Mitglied des Rechtsdienstes: Ich bin nicht dieser Meinung. Im Einzelnen werde ich jedoch noch aussagen.

Zweites Geschäftsleitungsmitglied: Ich bin mir dessen nicht bewusst. Sonst habe ich nichts zu sagen.

Drittes Geschäftsleitungsmitglied: Ich habe nichts dazu zu sagen.

Erster Verwaltungsrat: Ich habe nichts dazu zu sagen.

Zweiter Verwaltungsrat: Kein Kommentar.

Der Berater: Das war nicht die Absicht.

Geschäftsführer der Privatdetektei: Die Vorwürfe sind absurd und total haltlos.

Fragen an das zweite Geschäftsleitungsmitglied

Wie ist es zu dieser Observation gekommen von Herrn Elmer?

—Ganz kurz gesagt, sind E-Mails bei uns eingegangen mit einem Inhalt, der für die Bank nicht besonders reputationswürdig bzw. bedrohlich war. Wir haben die Situation dann zusammen mit der Rechtsabteilung und der Konzernleitung besprochen. Zusammen mit dem ersten Verwaltungsrat haben wir die Bedrohungssituation für die Bank erwogen und überlegt, was es für Massnahmen gibt, um eine Idee zu bekommen, wer dahintersteht hinter diesen bedrohenden E-Mails. In diesem Zusammenhang und wegen des Vorfalls auf den Cayman Islands gab es Hinweise, dass die Quelle dieser E-Mails Herr Elmer sein könnte. Dann hat man überlegt, wie man handfestere Beweise bekommen könnte. Ein Mittel, das sich dann hier ergeben hat, war die Observierung.

Wer konkret hat über die Observierung gewusst?
—*Konkret waren auf Stufe Konzernleitung die Details nicht bekannt. Ich gehe davon aus, dass die Rechtsabteilung zusammen mit der mandatierten Partei dies wusste.*
Wer hat von der Konzernleitung davon gewusst?
—*Informiert war die gesamte Konzernleitung (...) Im Plenum der Verwaltungsratssitzung wurde darüber gesprochen.*

Fragen an das Mitglied des Rechtsdienstes

Was haben Sie genau für einen Auftrag erhalten?
—*Es war nicht im Sinne einer Auftragserteilung. Der Themenkomplex wurde im engeren Gremium besprochen (...). mit dem CEO Cayman Island und auch mit der externen Partei, dem Berater. Dort wurde eine der Massnahmen bestimmt, wie herausgefunden werden kann, wer dahintersteckt. Um einerseits das Problem zu beheben und Kunden vorzuwarnen und andererseits, um die physische Bedrohungssituation der Bank zu analysieren. Eine der Massnahmen war eine Spur in Richtung Herr Elmer [zu verfolgen], wobei es immer auch darum ging, auszuschliessen, dass er es ist. Dass man nicht hinter einem Phantom hinterherrennt. Daraus hat sich ergeben, dass man zuerst wissen wollte, wo Herr Elmer ist, wo er lebt, wie seine persönliche Situation im Bezug auf Stabilität ist. Das war der Sicherheitsaspekt, und andererseits sind auch Briefe, die in der Schweiz aufgegeben wurden, bei Kunden und Dritten herumgegangen. Hier war die Frage, sind sie irgendwo im Umkreis aufgegeben worden, wo sich die möglichen Täter befinden. Daraus heraus war dann eine Massnahme, dass man wissen wollte, wo er lebt, was er macht. Das haben wir mit dem Berater besprochen. Die weitere Mandatierung geschah durch ihn. Wir hatten keinen Kontakt zu Detekteien, wir hatten keine Erfahrung in diesem Bereich. Wir überliessen es dem Berater, das weitere Vorgehen zu bestimmen.*

Ist bei diesem Gespräch mit den Personen, die Sie erwähnt haben, und mit dem Berater die Art und Weise der Observierung ein Thema gewesen?

—*Ja, insofern, dass es klar ist, dass es eine verdeckte Ermittlung war. Wir wollten nicht, dass Herr Elmer etwas weiss. Wir dachten, vielleicht erwischen wir ihn in flagranti bei der Aufgabe von Briefen. Zweitens haben wir nicht gewusst, ist er es oder nicht. Deshalb war es verdeckt. Drittens wollten wir eine Eskalation immer verhindern, eben aus den Reputationsgründen, dass es also möglichst ruhig verläuft.*

Sie sind ja gestern bei den Einvernahmen von Herrn und Frau Elmer dabei gewesen. Gesetzt den Fall, dass die Observierung tatsächlich so stattfand, wie sie dort beschrieben wurde, ist da Ihr Auftrag erfüllt worden?

—*Ganz klar nein. Das wäre kontraproduktiv zum Auftrag, den wir erteilt haben, und dem Konzept, das wir erarbeitet haben. Zum Ziel, das wir hatten von dieser Observation, wäre dies völlig kontraproduktiv gewesen. Das war nie unsere Absicht.*

Haben Sie im Verlauf dieser Observierung einmal erfahren, dass sie nicht so optimal bzw. wie gewünscht läuft?

—*Ich kann mich an zwei Dinge erinnern. Das eine war, als der Berater mir telefonisch mitteilte, dass Herr Elmer zuhause sei. Ich gehe davon aus, es war Wochenende. Aus Sicherheitsgründen überlegten wir uns, wenn wir jetzt noch länger bleiben, dann kann es auffallen. Wir sagten, wir wollten lieber aufhören als aufzufliegen. Das zweite war der bedauerliche Vorfall auf der Autobahn, was die sofortige Einstellung der Observation bewirkt hat, weil sie dann nicht mehr verdeckt gewesen wäre.*

Fragen an den Berater

Was haben Sie für einen Auftrag erhalten und was haben Sie damit gemacht?

— Ich hatte Fragen erhalten. Um diese Fragen zu beantworten, habe ich im Team den Auftrag erhalten, es mit Hilfe einer Observierung zu machen. Bisher wurde immer von einer Observierung gesprochen, ich war das Bindeglied zwischen dem Auftraggeber und dem Ausführenden. Für mich waren es zwei Observierungen, unabhängig voneinander, auch zeitlich auseinander, ca. ein Jahr. Diese Aufträge kamen aufgrund von Auslösern, das waren bestimmte Vorfälle. Nur schon deshalb, dies gilt für beide Observierungen, mussten wir das verdeckt machen. Nur schon um den Tagesablauf von Herrn Elmer herauszufinden, musste es verdeckt passieren. Wir wollten ja, dass Herr Elmer es nicht merkt, dass es ihm möglichst gut geht. Wir wollten ja vor allem, dass das mit den Drohungen aufhört. In der anderen Observierung ging es dann, als weitere Aktionen passiert waren, eigentlich darum, ein Frühwarnsystem zu haben, um zu sehen, wann oder wo geht Herr Elmer in ein Internetcafé. Weil es sind E-Mails an Kunden der Bank ab Zürcher Internetcafés geschickt worden. Das war auch ein Hintergrund von unserer Vermutung, dass Herr Elmer etwas damit zu tun haben musste. Weil als Herr Elmer in Cayman war, kamen E-Mails von da, als Herr Elmer in der Schweiz war, kamen die E-Mails von hier. Hier will ich unterstreichen, was das Mitglied des Rechtsdienstes vorher sagte, wir wollten wissen, geht er in [ein] Internetcafé, können wir allenfalls einen Beweis haben, dass er von dort E-Mails abschickt. Wir wollten einfach einen Zusammenhang zu diesen E-Mails. Es war nie das Ziel, ihn unter Druck zu setzen, das hätte auch keinen Sinn gemacht. Wir wollten das unbedingt verdeckt machen. Zu dieser Zeit wollten wir wissen, rennen wir einem Phantom nach oder ist es wirklich Herr Elmer. Es hat kein Sinn gemacht, Herrn Elmer irgendwie unter Druck zu setzen, das hätte ein verfälschtes Resultat gegeben. Es sind zwei unabhängige Observationen, mit unabhängigen Aufträgen und unabhängigen Fragestellungen. Als wir Antworten hatten, ha-

ben wir abgebrochen. Zwischendurch gab es keine Aktionen. Wir haben mehrmals sofort abgebrochen, als wir die Meldung erhielten, wir könnten allenfalls aufgeflogen sein. Das hätte ja gar keinen Sinn gemacht.

Was ist denn konkret der erste Auftrag gewesen und wem haben Sie den gegeben?

—Der erste Auftrag war im Zusammenhang mit Herrn Elmer, als er zurück in die Schweiz kam: Hat er ein Zuhause, hat er eine Arbeit? Wir dachten, wenn er sich wieder eingliedern kann in der Schweiz, dann kann er die Geschichte in Cayman wieder vergessen. Der Auftrag war, den Tagesablauf herauszufinden. Der Auftrag war nur, herauszufinden, hat er ein Zuhause und Familie. Wir wollten nicht herausfinden, was er zuhause macht, wir wollten sein Zuhause nicht ausspionieren. Wir gingen auch davon aus: Wenn er etwas macht, dann macht er es sowieso nicht von zuhause aus. Und für den Fall, wenn er keine Arbeit hat, wollten wir wissen, was macht er den ganzen Tag, im Sinne eines Frühwarnsystems.

Wie lange ging es, bis Sie die Informationen hatten, die Sie wünschten?

—Paar Tage, vielleicht eine Woche.

Wie sind Sie zu diesen Informationen gekommen, die Sie wollten?

—Man hat natürlich irgendwo anfangen müssen, wir konnten nicht einfach warten. Der Auftrag war, den Tagesablauf aufzuzeichnen. Ich habe veranlasst, dass dies getan wurde. Telefonisch mit dem Auftragnehmer und an Besprechungen.

Mit wem konkret?

—Mit dem Geschäftsführer der Privatdetektei.

Ist bei diesen Besprechungen noch jemand dabei gewesen?

—Nein.

Gesetzt den Fall, dass Arbeitnehmer von der NOBLE

INVESTMENTS direkt gefragt wurden, ob Herr Elmer bei Ihnen arbeitet, mit Vorhalt eines Fotos: Ist das für Sie eine verdeckte Observierung?

— *Es wäre ein Fehler gewesen.*

Also nicht auftragskonform?

— *Ja, es wäre nicht auftragskonform gewesen.*

Was war der zweite Auftrag?

— *In der Zwischenzeit haben sich die Vermutungen erhärtet, dass es Herr Elmer ist. Wir wollten Beweise beschaffen, um zu beweisen, dass es Herr Elmer ist. Das heisst konkret, ein E-Mail zu ihm zurückverfolgen. Dass man konkret sicher ist.*

Sie haben wieder den Geschäftsführer der Privatdetektei beauftragt?

— *Ja.*

Was war dort der konkrete Auftrag an ihn? Was sollte er konkret machen?

— *Er kannte die Vorgeschichte. Wir haben gesagt, die Geschichte ging weiter, der Verdacht ist da. Wir müssen wieder verdeckt observieren, wir müssen schauen, dass wir ihn in flagranti sehen, beispielsweise, dass er konkret ein E-Mail aus einem Internet-café schickt, das wir dann von den Kunden über die Bank verfolgen könnten. Nicht mehr den Tagesablauf, aber wo hält er sich auf, geht er in Internetcafés, geht er in einsame Telefonkabinen, geht er an abgelegene Briefkästen?*

Wie lange ging diese Observierung?

— *Ein bisschen länger vielleicht. Vielleicht zwei bis drei Wochen, Grössenordnung. Sie hörte auch auf, als wir eine Antwort erhielten. Wir hatten Beweise und haben es dann abgebrochen.*

Das Mitglied des Rechtsdienstes sagte eben, dass abgebrochen wurde, weil die verdeckte Ermittlung aufgeflogen ist.

— *Der Auftrag ist klar: Es wird abgebrochen, wenn der Auftrag erledigt ist. Man hat sich immer zurückgezogen, wenn die Be-*

fürchtung da war, dass wir aufgeflogen sind. Wir haben uns zurückgezogen, wenn die Befürchtung da war, dass Herr Elmer uns entdecken würde. Ein paar Tage danach wurde die Observierung wieder aufgenommen, im Sinne des Auftrages.

Wie oft haben solche Unterbrüche in Observierungen [stattgefunden], die das erste Mal ein paar Tage und beim zweiten Mal zwei bis drei Wochen gedauert haben?

—Ich kann mich sicher an die beiden erinnern, die das Mitglied des Rechtsdienstes nannte. Es kann sein, dass es ein, zwei mehr waren. Wir haben ein, zwei Tage unterbrochen und dann weitergemacht. Die zweite Observierung ging ausserdem länger, weil der Auftrag war, Beweismittel zu beschaffen, wir mussten also warten, bis das nächste E-Mail geschrieben wird, das hat halt eine Zeit gedauert. Mit dem nächsten E-Mail hatten wir dann den Beweis.

Frage an das Mitglied des Rechtsdienstes

War das so?

— Im Grundsatz teile ich die Ansicht des Beraters. Ich meine aber, und es ist Jahre zurück, ich erinnere mich, dass wir nach dem Autobahnvorfall sagten, wir hören auf. Wann immer man der Ansicht war, er könnte es bemerken, brach man ab. Lieber Vorsicht, als aufzufliegen, dann halt wieder warten. Es ist Jahre zurück. Ich denke, nach dem Vorfall dachten wir, jetzt abbrechen, da wir ja bereits das hatten, was wir wollten, wenn wir noch länger weitermachen, kommen wir nicht mehr weiter.

Fragen an den Berater

Ist das Ziel von diesen Observierungen, insbesondere von der Zweiten, auch die Familie von Herrn Elmer gewesen?

—Nie.

Können Sie mir dann erklären, wie es zu diesem Autobahnvorfall kam bzw. gekommen sein soll?

—Also meine Meinung ist, dass Herr Elmer vermutlich doch gemerkt hat, dass er observiert wurde und eine raffinierte Falle gemacht hat, wo wir reingefallen sind. Er fuhr von seinem Arbeitsort mit dem Auto nachhause. Er wurde dort schon beobachtet. An diesem Tag sass seine Frau im Auto, das haben wir nicht gewusst. Wenn wir es gewusst hätten, dass nur seine Frau und Schwiegermutter im Auto sitzen, hätten wir es sicher abgebrochen. Das ist meine Meinung, ich war nicht dabei. Wenn ich es gewusst hätte, hätte ich es abgebrochen. Ich war überzeugt davon. Wir wollten weder die Frau noch das Umfeld beobachten, das hat uns nicht interessiert.

Fragen an den Geschäftsführer der Privatdetektei

Sie sehen die Fragen, die ich an Sie habe?

—Das kann ich mir vorstellen.

Was haben Sie für einen Auftrag erhalten und von wem?

—Ich habe mich entschieden, zu dieser Geschichte nichts mehr zu sagen. Ich kann nur sagen, wir haben uns immer in den Grenzen des Legalen aufgehalten. Die Vorwürfe von Herrn Elmer sind haltlos. Die ganze Sache ist sehr mühsam. Ich bin heute extra hierhingekommen deswegen. Ich habe zweimal ausgesagt in dieser Sache bei der Polizei, ich verweise auf die Einvernahmeprotokolle. Ausserdem wurde ich und meine Familie von Herrn Elmer mit Brief bedroht. Ich möchte zu dieser Geschichte nichts mehr sagen.

Haben Sie Anzeige gemacht wegen der Drohung?

—Ich möchte mich nicht mehr weiter äussern hierzu.

Was halten Sie von einer Observierung durch Mitarbeiter von Ihnen, die mehr als offensichtlich ist, wo auch das Kind von Herrn Elmer belästigt wird, wo man mit quietschenden Reifen durch Quartierstrassen fährt, wo man Angestellte bzw. Mitarbeiter von Herrn Elmer nahezu aufdringlich nach Herrn Elmer befragt, wo man sich so positioniert, dass man die ganze Zeit ins Küchenfenster bzw. in den Garten der Familie Elmer schaut und offenbar so, dass es sogar dem Hinterletzten auffallen würde?

— *Dazu habe ich nichts zu bemerken.*

Fragen an alle

Aufgrund des Gesagten hätte eine verdeckte Überwachung stattfinden sollen, aufgrund der Aussagen von Herr und Frau Elmer, die ich bis jetzt noch nicht durch Zeugen so weit bestätigen liess, ich mir jedoch gut vorstellen kann, dass diese bestätigt werden, dass die Observierung alles andere als verdeckt stattgefunden hat, weckt bei mir schon den Verdacht, dass man Herr Elmer durchaus so beobachten wollte, dass er es merkt, und um genau auch das Ziel zu erreichen, dass er damit aufhört, was er tut. Was halten Sie von dieser Grundidee?

Zweites Geschäftsleitungsmitglied: Es war für mich immer klar, dass alles, was wir machen müssen, rechtskonform sein muss. Über das Detail verdeckt oder unverdeckt weiss ich nichts. Nach dem Gesagten ist jedoch klar, dass nur eine verdeckte Observierung zweckdienlich war.

Mitglied des Rechtsdienstes: Eine nicht verdeckte Observierung war nie die Idee. Das haben wir nie gegeneinander abgewogen. Auch wegen der Reputation der Bank. Damit hätten wir auch nichts erreicht. Herr Elmer hat schon gesagt, ich habe nichts mehr zu verlieren, wenn man so eine Person bedrohen wollte, wäre das auch eindeutig kontraproduktiv. Ganz klar also eine verdeckte Observierung. Ich denke, der Berater hätte auch nicht mitgemacht. Man sucht ja auch den Vertragspartner so aus, dass man korrekt beraten und unterstützt wird.

Erster Verwaltungsrat: In erster Linie engagieren wir die Fachabteilungen. Bei rechtlichen Komponenten wird die Rechtsabteilung einbezogen. Die Vorgabe ist immer, das alles im legalen Rahmen abzuhandeln. Die Geschichte der Bank, das Familienunternehmen vermittelt auch Werte: Die Wertschätzung gegenüber den Mitarbeitenden ist ein Kern. Wenn wir eine schwierige Lage haben, dann gehe ich davon aus, dass wir besonders vorsichtig damit umgehen.

Zweiter Verwaltungsrat: Man kann da nur auf die Familiengeschichte hinweisen. Ich bin seit 1969 in dieser Gesellschaft tätig gewesen. Ich kann mich an keine Geschichte erinnern, die wir nicht im Einvernehmen gelöst haben.

Drittes Geschäftsleitungsmitglied: Ich schliesse mich diesen zwei Aussagen an.

Möchten Sie von sich aus noch irgendetwas ergänzen, das noch nicht gefragt wurde?

Erster Verwaltungsrat: Die Bedrohungslage, die verschiedenen Aktionen, die gingen über Jahre hinweg, ich kann es zeitlich nicht mehr genau einordnen. Für die Gremien der Bank war es immer klar, einfach herauszufinden, woher diese Bedrohung kommt. Wir hatten nur ein Ziel, gibt es eine Quelle oder nicht.

Zweiter Verwaltungsrat: Ich habe nichts mehr zu ergänzen.

Drittes Geschäftsleitungsmitglied: Ich habe nichts mehr zu ergänzen.

Erstes Geschäftsleitungsmitglied: Ich habe nichts mehr zu ergänzen.

Zweites Geschäftsleitungsmitglied: Ich habe nichts mehr zu ergänzen.

Mitglied des Rechtsdienstes: Ich habe nichts mehr zu ergänzen.

Der Berater: Ich habe nichts mehr zu ergänzen.

Geschäftsführer der Privatdetektei: Ich habe die Zeugeneinver-
nahme durchgesehen. Ich kann das erklären wegen den verdeck-
ten Ermittlungen. Wir würden nicht so viele Mitarbeiter ein-
setzen, wenn wir nicht verdeckt ermitteln wollten. Das andere
kann halt passieren, dass eine solche Ermittlung entdeckt wird.
Es kann sein, dass ein Mitarbeiter mal nicht optimal arbeitet und
es entdeckt wird. In diesem Fall kann auch nicht ausgeschlossen
werden, dass wir nicht die Einzigen waren, die observiert haben.
Haben denn Ihre Observierer andere Observierer bemerkt?
Keine weiteren Ergänzungen dazu.

Deal mit den Bären

Die Einvernahme dauerte zweieinhalb Stunden. Um 11.30
Uhr erklärte sie der Staatsanwalt für beendet. Niemand hatte
Ergänzungen anzubringen. Alle unterzeichneten das Proto-
koll. Doch abgeschlossen war die Sache nicht.

Der Staatsanwalt legte beiden Parteien nahe, nochmals
Vergleichsverhandlungen in Erwägung zu ziehen. Heidi Elmer weiss noch, wie sie zur Anwältin sagte: «Wir sind immer
für Verhandlungen bereit, aber wir wollen uns nicht über den
Tisch ziehen lassen.» Es ging ihr nicht ums Geld, sagt sie.
Aber sie wollte nicht als unglaubwürdig hingestellt werden.
Jahrelang hatten sie und ihr Mann darunter gelitten, dass
die Beschattungen der Detektive als Hirngespinste abgetan
wurden, dass man Elmer als Verrückten darstellte. «Das
wollten wir auf keinen Fall durchgehen lassen. Denn es war
schlicht nicht wahr. Es gab die Verfolgungen. Es gab die
Überwachung.»

Nur einen Monat später, am 24. Oktober 2011, setzte die Zürcher Staatsanwaltschaft die Einstellungsverfügung auf: Heidi und Rudolf Elmer zogen «sämtliche im vorliegenden Verfahren gestellten Strafanträge zurück und erklärten ihr Desinteresse an einer weiteren strafrechtlichen Verfolgung der Beschuldigten». Die Bären und die Elmers hatten sich geeinigt. Seither herrscht Stille.

Keine Zeitung berichtete je im Detail, wie es zum Vergleich gekommen war, warum sich die beiden Parteien, die sich seit Jahren im Clinch lagen, plötzlich einigen konnten.

Wie viel Geld zahlte die Bank, um einer öffentlichen Gerichtsverhandlung über die Beschattungen aus dem Weg zu gehen? JULIUS BÄR will sich offiziell nicht dazu äussern. Wie hoch die Summe war, die die Bank zahlte, bezifferte ein Richter eher zufällig im Dezember 2014 während einer Gerichtsverhandlung, als er Elmer fragte, woher sein Vermögensanstieg rührte. Denn Elmer besass plötzlich 600 000 Franken mehr. Die Summe, die er beim Vergleich mit der Bank erhalten hatte? «Es war ein bisschen mehr», sagt Elmer heute. «Aber die Grössenordnung stimmt.»

Warum liess sich Elmer, der jahrelang für sein Recht gekämpft hatte, auf diesen Deal mit den Bären ein? «Der wichtigste Grund für eine Einigung war, dass das Gericht im Falle einer Verurteilung der Bank und der Detektive meiner Tochter eine sehr viel geringere Genugtuung hätte zusprechen können. Sicher, es hätte meinem Ego gutgetan, die ganze Bankleitung im Gerichtssaal zu sehen. Sicher, ich hätte eine Verurteilung als gerecht empfunden. Aber meine Tochter hätte den Kürzeren gezogen: Man hätte sie ins Verfahren einbezogen, sie wäre vernommen worden und am Ende hätte sie vielleicht 10 000 Franken Entschädigung erhalten.»

Und was hat er mit dem Geld angefangen? Die Beantwortung dieser Frage ist ein wenig komplizierter. Denn sie zeigt die Ambivalenz des Whistleblowers. Elmer konnte sich nie ganz von seiner Vergangenheit als Offshore-Banker lösen. Und er tat mit dem Geld dasselbe wie Tausende Superreiche vor ihm auch: Er steckte das Geld in einen Trust – aufgesetzt von einer Privatbank und registriert in der Steueroase Jersey, einer britischen Kanalinsel.

Über zehn Jahre lang prangerte Elmer solche Strukturen an. Er hielt Reden an Kongressen und Kundgebungen. Er sprach an Universitäten und in Talkshows. Er führte einen öffentlichen Kampf gegen Steueroasen und undurchsichtige Finanzvehikel. Und am Ende griff er selbst darauf zurück?

Rudolf Elmer hat eine Reihe von Erklärungen, die das Unbegreifliche begreiflich machen sollen. Zum Beispiel, dass nicht alle Trusts per se schlecht seien, sondern nur, wenn sie missbräuchlich eingesetzt werden. Sein Trust erlaube ihm, über den Tod hinaus zu bestimmen, was mit dem Geld geschehen, unter welchen Bedingungen es an seine Tochter ausgezahlt werden soll. Oder auch, dass der Unterschied zwischen ihm und vielen Superreichen dieser Welt zwar klein, aber entscheidend sei: Er habe das Vermögen bei den Steuerbehörden deklariert. Am Ende erwähnt Elmer einen letzten Grund. «Wir wissen ja nicht, wie diese Geschichte ausgeht: die Gerichtskosten, die Betreibungen, die Bussen ... Im Trust ist das Geld sicher. Vor allen. Da kommt niemand ran. Das Geld gehört juristisch dem Trust. Und begünstigt ist einzig unsere Tochter.»

Elmers Fall

Es gibt Anwälte, die werfen sich in Pose, wenn sie eine Kamera sehen. Sie glänzen mit Rhetorik, nicht mit juristischer Präzision. Sie wissen genau, wann sie reden müssen, um die

Öffentlichkeit für sich zu gewinnen. Ganden Tethong ist anders: eine zurückhaltende Anwältin, die nur spricht, wenn sie muss. Sie ist stets auf Distanz bedacht. Obwohl sie Rudolf Elmer mittlerweile seit über zehn Jahren kennt, siezt sie ihn noch immer. Die Interviews, die sie gibt, lassen sich an einer Hand abzählen.

Tethong wurde im appenzellischen Trogen geboren und wuchs in Zürich auf. Die Eltern stammen aus Tibet. Sie waren die allerersten Tibeter, die sich in der Schweiz niederliessen. Tethong studierte Rechtswissenschaften in Zürich, absolvierte Praktika am Bezirksgericht Pfäffikon und bei den Bezirksanwaltschaften Bülach und Zürich. Danach legte sie die Anwaltsprüfung ab. Heute ist sie Partnerin bei der Anwaltskanzlei Tethong Blattner.

Als Ganden Tethong Rudolf Elmer am 28. September 2005 zum ersten Mal im Gefängnis zum Gespräch traf, hatte sie keine Ahnung, dass sie sich zehn Jahre später noch immer mit dem Fall herumschlagen würde.

In den ersten Tagen ging es um Drohungen und vermeintliche Anthrax-Briefe, die bei JULIUS BÄR eingegangen waren. Der Vorwurf, dass Elmer Briefe mit weissem Pulver an die Bank geschickt habe, verflüchtigte sich schnell. Dafür erfuhr Tethong nach und nach mehr über die Vorgeschichte, die Elmer zum Vorgehen gegen die Bank bewegt hatte.

Tethong rückte das nie in den Vordergrund. Ihre Argumentation blieb in den vergangenen zehn Jahren stets dieselbe. Sie versuchte nie, Elmer als Whistleblower zu verkaufen. Sie versuchte nie, seine Taten mit ehrenvollen Motiven herunterzuspielen. Sie versuchte nie bloss, ein möglichst mildes Urteil herauszuschlagen. Aus einem einfachen Grund. Sie war überzeugt: Elmer hatte sich nicht strafbar gemacht.

Elmer gab einen Nötigungsversuch zu. Auch den Versand von Bankunterlagen an die Steuerbehörden gestand er.

Aber in einem wesentlichen Punkt war Tethong unnachgiebig: Elmer hatte sich ihrer Ansicht nach nicht der Verletzung des Schweizer Bankgeheimnisses schuldig gemacht. Ganz einfach, weil Elmer dem Bankgeheimnis gar nicht unterstanden hatte.

Seit dem ersten Tag als Elmers Anwältin hatte Tethong auf diesen Punkt hingewiesen. Sie führte zwei Argumente an. Erstens: Elmer war nicht Angestellter einer Schweizer Bank gewesen, sondern der ausländischen Tochterfirma JULIUS BAER BANK AND TRUST COMPANY auf Cayman Islands (die Staatsanwaltschaft behauptete das Gegenteil). Zweitens: Die verschickten Daten stammten aus den Cayman Islands, nicht aus der Schweiz. Und dort galt nicht das Schweizer Bankgeheimnis, sondern das caymanische.

Auch die Staatsanwältin hatte in ihrer Anklageschrift stets von «Cayman-Daten» geschrieben. Tethong war also nicht allein mit ihrer Ansicht. Und Mark Pieth, der Basler Strafrechtsprofessor und Geldwäschereiexperte, bestätigt: «Es geht ja um eine Bank in Cayman, um Bankkunden in Cayman, um einen Angestellten in Cayman. Da muss man das Recht schon ziemlich zurechtbiegen, um diesen Fall überhaupt vor ein Schweizer Gericht zu bringen.»

Wenn aber Elmer kein Angestellter einer Schweizer Bank war und die Daten, die er verschickt hatte, keine Schweizer Bankdaten waren, wie konnte sich Elmer der Verletzung des Schweizer Bankgeheimnisses schuldig machen?

Es dauerte sechs lange Jahre, bis die Zürcher Justizbehörden diese Frage erstmals in Erwägung zogen. Elmers erstinstanzlichen Schuldspruch vom 19. Januar 2011 hatten

Elmer und Tethong angefochten. Nun sassen die beiden an der Berufungsverhandlung in einem provisorisch eingerichteten Gerichtssaal, der den Charme eines Achtzigerjahre-Hotels versprühte, und konnten die drei Oberrichter von ihrer Darstellung überzeugen. Das Obergericht hielt an der Berufungsverhandlung ein Detail fest, das die juristische Bewertung von Elmers Fall komplett umkrempelte: Das Schweizer Bankgeheimnis fand auf den Cayman Islands keine Anwendung.

Das Obergericht brachte zudem ein zweites Versäumnis zur Sprache: Bis zu diesem Zeitpunkt hatte nie jemand die Bankdaten gesehen, über die so viel gesprochen worden war – weder die Staatsanwaltschaft, noch das Bezirksgericht.

Niemand wusste also mit Sicherheit, ob auf den CDs, die Elmer an Steuerbehörden verschickt hatte, überhaupt Schweizer Bankdaten gespeichert waren. Die Bank hatte das zwar behauptet und die Staatsanwaltschaft hatte diese Darstellung übernommen. Aber niemand hatte das überprüft.

Damit landete das erste Verfahren gegen Rudolf Elmer in einer Sackgasse. Das Obergericht sistierte die Verhandlung.

Die Staatsanwaltschaft erhielt nun eine zweite Chance: Sie durfte weiter ermitteln und reichte Ende 2013 eine ergänzte Anklageschrift ein. Seither befand sich das Verfahren in einer Warteschlaufe.

Je länger er dauerte, desto mehr wirkte der Fall Elmer wie ein Irrläufer aus einer anderen Zeit: Das Bankgeheimnis war nach dem Steuerstreit mit den USA politisch und symbolisch Geschichte, übrig blieb die juristische Verfolgung eines Nestbeschmutzers.

Für die Strafverfolger stand viel auf dem Spiel: Seit über zehn Jahren versuchten sie, Elmer zu belangen. Das erste, lange und teure Verfahren steckte fest. Und demnächst stand ein zweites Verfahren an, der sogenannte WIKILEAKS-Prozess. Würde Elmer am Ende freigesprochen, wäre das für die Zürcher Justiz ein Fiasko, der Fall Elmer verkäme zur Justizposse.

Vor dem WIKILEAKS-Prozess im Dezember 2014 ging Staatsanwalt Peter Giger noch einmal aufs Ganze: Er forderte 3,5 Jahre Gefängnis.

Rudolf Elmer lag auf dem Marmorboden des Zürcher Bezirksgericht und niemand wusste, wie es weitergehen würde. Nicht der Richter, der hilflos daneben stand. Nicht die Ehefrau, die Elmer in den Armen hielt. Nicht die Anwältin, die ruhig auf ihn einredete. Und schon gar nicht die Zuschauer, Prozessbeobachter und Journalisten, die an diesem Morgen des 10. Dezember 2014 ein paar Meter entfernt warteten – unschlüssig, ob sie die Szene aufgeregt verfolgen oder distanziert ignorieren sollten.

Elmer hatte wochenlang Akten studiert, um sich auf den grossen WIKILEAKS-Prozess vorzubereiten. Auslöser war die Pressekonferenz in London gewesen, bei der Elmer Julian Assange im Januar 2011 zwei CDS übergab. Elmer behauptete, die CDS seien leer gewesen. Doch die Staatsanwaltschaft glaubte ihm nicht. Als sie auch nach 187 Tagen Untersuchungshaft nicht beweisen konnte, dass sich auf den CDS Bankdaten befunden hatten, weitete sie das Verfahren auf Elmers WIKILEAKS-Veröffentlichungen aus dem Jahr 2008 aus.

Rund 7,5 Millionen Dokumente waren in drei Jahren Ermittlungen angefallen: Einvernahmeprotokolle, Gutachten,

Schriftverkehr zwischen den beteiligten Parteien – vor allem aber Abschriften der Bankdaten, die Elmer Ende 2007 der Whistleblowerplattform WIKILEAKS übermittelt hatte. Elmer sichtete knapp einen Drittel der Akten, bis er nicht mehr konnte und sein Arzt ihn krankschrieb. Zwei Tage vor dem Prozess erlitt er einen Zusammenbruch: Zum Gericht reiste er direkt aus einer Klinik an.

«Soll ich die Ambulanz rufen?», fragte der Richter jetzt.

«Herr Elmer, sollen wir einen Arzt rufen?», wiederholte die Anwältin.

———

Rudolf Elmer hatte das Gericht in schlechter Verfassung betreten. Er hatte immer auf eine gepflegte Erscheinung Wert gelegt, war stets in Anzug und Krawatte vor dem Richter erschienen. Aber an diesem düsteren Wintertag, dem 10. Dezember 2014, trug er weisse Jeans, einen blauen Kapuzenpulli und eine kamelbraune Lederjacke.

Ungewohnt bärtig und die Mütze tief ins Gesicht gezogen wäre er beinahe unbemerkt an den wartenden Presseleuten vorbeigeschlichen. Erst in letzter Sekunde erkannte ihn ein Fotograf und schoss das einzige Foto zum grossen WIKILEAKS-Prozess: ein hastig geblitzter Schnappschuss eines angeschlagenen Mannes, der mit gesenktem Blick und hängenden Schultern die Treppen zum Gericht hochsteigt.

Der Richter liess sich nicht von Elmers Gesundheitszustand beeindrucken. Ein Gutachter befand ihn für prozessfähig, der Gerichtstermin war einzuhalten. Schliesslich waren bereits sieben Jahre vergangen, seit Elmer WIKILEAKS Bankdaten übermittelt hatte. Würde der Prozess jetzt verschoben, wäre ein Grossteil der Vorwürfe verjährt.

Im Kern ging es im WIKILEAKS-Prozess um den Verrat an einer verschwiegenen Branche. In der Nebensache um einen Brief von JULIUS BÄR an die deutsche Bundeskanzlerin Angela Merkel. Der Brief war eine offensichtliche Fälschung, Elmer gab sie gleich zu Beginn des Prozesses zu. Er hatte das Schreiben im Namen der Bank aufgesetzt und hochgeladen, um zu testen, ob WIKILEAKS tatsächlich so furchtlos war, wie ihr Gründer Julian Assange behauptete. Das Fälschen dieses Briefs stufte das Gericht als die schwerwiegendste Tat ein. Das Schreiben war eine Randnotiz. Und doch stand es stellvertretend für die Irrungen und Wirrungen im Fall Elmer. Der Richter fragte, warum er diesen Brief gefälscht hatte. Er besass doch Unmengen an authentischem Material. Rudolf Elmer schwieg.

Die Gerichtsverhandlung dauerte knapp zwei Stunden. Wegen Elmers Gesundheitszustand unterbrach der Richter zweimal mit einer kurzen Pause. Elmer klagte über Kopfschmerzen, gab selten wirklich Auskunft, nur langsam und leise gestand er die Fälschung des Merkel-Briefs.

Kurz nach zehn Uhr kehrte Elmer von der Toilette zurück. Die Zuschauer waren bereits fast alle wieder im Gerichtssaal, nur die Anwältin wartete noch in der Halle auf ihren Klienten. Dann sackte Elmer auf dem letzten Treppentritt zusammen. Er fiel hin und blieb liegen.

«Soll ich die Ambulanz rufen?», fragte der Richter.

«Herr Elmer, sollen wir einen Arzt rufen?», wiederholte die Anwältin.

Elmer zitterte. Er hustete und heulte und das Schluchzen hallte durch die totenstillen Gänge des Gerichts.

Um 10.20 Uhr des 10. Dezembers 2014 betraten Sanitäter den Vorraum zum Zürcher Bezirksgericht. Einer der Sanitäter rüttelte an der Ausgangstür aus Glas. Sie war verschlossen.

«Gopferdamminamal!»

Das Urteil

Nach dem Zusammenbruch begab sich Rudolf Elmer in eine Klinik. Ende Februar kehrte er zurück nach Rorbas.

Am 19. Januar 2015 wurde das Urteil verkündet: Das Bezirksgericht befand Rudolf Elmer im WIKILEAKS-Prozess der mehrfachen Verletzung des Bankgeheimnisses sowie der Urkundenfälschung für schuldig. Elmer wurde für die Veröffentlichung von Bankdaten auf WIKILEAKS im Jahr 2008 verurteilt, nicht aber für die CD-Übergabe an Julian Assange im Januar 2011. Die Strafe betrug 45 000 Franken bedingt, 25 000 Franken Gerichtsgebühr sowie 30 000 Franken Untersuchungsgebühr.

Sowohl Elmers Anwältin als auch die Staatsanwaltschaft legten Berufung ein.

Das WIKILEAKS-Verfahren wurde mit dem ersten, am Obergericht hängigen Verfahren zusammengelegt. Beide Fälle werden Ende Juni 2016 gemeinsam vor dem Obergericht verhandelt.

Chronologie

26. Oktober 1932: Zwei Bankdirektoren der BASLER HANDELS-BANK werden in Paris verhaftet. Sie waren der französischen High-Society dabei behilflich, Steuern zu hinterziehen. Die französische Polizei beschlagnahmt eine Kundenliste mit 2000 Namen und einer nicht deklarierten Vermögenssumme von insgesamt rund 400 Millionen Schweizer Franken. Der Skandal ist entscheidend für die strafrechtliche Verankerung des Schweizer Bankgeheimnisses im Gesetz.

1934: Das Schweizer Bankgeheimnis wird im Strafrecht als ART. 47 des Bankengesetzes verankert. Zuvor war der Schutz der Vermögensverhältnisse nur über das Zivilrecht geregelt. Anders als bei anderen Berufsgeheimnissen stellt die Verletzung des Bankgeheimnisses ein Offizialdelikt dar.

1. November 1955: Rudolf Matthias Elmer wird geboren.

ab 1956: Gehäufte Vorwürfe aus den USA: Das Schweizer Bankgeheimnis begünstige die Steuerflucht von US-Amerikanern und erleichtere die kommunistische Infiltration der US-Wirtschaft mittels verdeckter Übernahme von US-Firmen. Ausserdem diene das Bankgeheimnis Diktatoren, Revolutionären und Kommunisten dazu, sich finanziell abzusichern.

ab 1960: Zunehmender internationaler Druck auf die Schweiz wegen Verweigerung von Amtshilfe bei Steuerflucht.

Frühling 1966: Bundesrat Willy Spühler besucht die USA. Er sieht sich mit dem Vorwurf konfrontiert, amerikani-

131

sches Kapital fliesse in die Schweiz. «Ungenügende Besteuerung in der Schweiz. ‹Schmutziges› Geld in der Schweiz. Bankgeheimnis und Nummernkonti», warnt die Schweizer Botschaft in Washington vor dem Besuch.

Herbst 1966: Journalist Theodore Reed Fehrenbach verpasst den Schweizer Banken mit einem Buch einen unrühmlichen Spitznamen: *The Gnomes of Zurich. The inside story of the Swiss Banks.* Fehrenbach kritisiert, dass die Schweizer Banken Diktatoren, Mafiosi, kommunistischen Spionen und Steuerhinterziehern Schutz böten, und verweist auf sogenanntes Blutgeld, verschwundene nachrichtenlose Vermögen von Nazi-Opfern.

November 1966: Stunde null einer Legende, die das Bankgeheimnis moralisch schwer angreifbar macht. Im Bulletin der Schweizerischen Kreditanstalt SKA (spätere CREDIT SUISSE) schreibt ein unbekannter Autor: «Bemerkenswerterweise war es (...) die intensiv betriebene Spionage nach jüdischem Geld, welche die Schweiz 1934 veranlasste, zum Schutze der Verfolgten das bisher im Gewohnheitsrecht verankerte Bankgeheimnis (...) straffer zu umschreiben und seine Verletzung unter Strafsanktion zu stellen. (...) Ohne Übertreibung darf man (...) feststellen, dass die Entschlossenheit, mit der das Bankgeheimnis gewahrt wurde und wird, Tausenden von Menschen Vermögen und Existenz gerettet hat.»

1976: Jean Ziegler veröffentlicht die Streitschrift: *Une Suisse au-dessus de tout soupçon.* Die Publikation löst eine breite Debatte aus. Ziegler wirft der «schweizerischen Oligarchie» vor, «dank einem krankhaft aufgeblasenen Bankensystem» eine zentrale Rolle im weltweiten Kapitalismus zu spielen: «jene des Hehlers».

April 1977: Chiasso-Skandal: Die Chiasso-Filiale der SKA schleuste über Jahre hunderte Millionen an steuerhinterzogenen Geldern aus Italien in die Schweiz. Im Frühling 1977 wird bekannt, dass die Direktion Kundengelder in der Höhe von zwei Milliarden Franken in dubiosen Geschäften veruntreut hat.

Herbst 1978: Die Sozialdemokraten lancieren die sogenannte Bankeninitiative «gegen den Missbrauch des Bankgeheimnisses und der Bankenmacht».

20. Mai 1984: Die Stimmbevölkerung lehnt die Bankeninitiative mit 73 Prozent ab.

1987: Elmer tritt bei JULIUS BÄR in Zürich eine Stelle als Revisor an.

1992: Jean Ziegler veröffentlicht: *Die Schweiz wäscht weisser. Die Finanzdrehscheibe des internationalen Verbrechens.*

1. September 1994: Elmer zieht in die Karibik. Er wechselt zu JULIUS BÄR auf den Cayman Islands.

Herbst 1995: Hochzeit von Rudolf und Heidi Elmer.

1996: Doppelbesteuerungsabkommen der Schweiz mit den USA. Die Schweiz gewährt demnach Amtshilfe bei «Steuerbetrug und dergleichen».

Juni 1996: Die G-7 Staaten definieren Steuerdelikte erstmals als Finanzkriminalität. Die OECD legt einen Bericht über «schädlichen Steuerwettbewerb» vor.

1998: Der FDP-Bundesrat Pascal Couchepin antwortet auf die Frage nach einer Lockerung des Schweizer Bankgeheimnisses: «Wer ist schon so naiv, das eigene Haus anzuzünden.»

Juni 1999: Auf den Cayman Islands bekommen Rudolf und Heidi Elmer Nachwuchs: Ihre Tochter wird gebohren.

September 1999: Elmer wird zum *Chief Operating Officer* (COO) befördert. Er steigt zur Nummer zwei der JULIUS BAER BANK AND TRUST COMPANY auf. Er unterzeichnet zwei Verträge: Ein *Expatriate Agreement* mit JULIUS BÄR, Zürich. Und ein *Assignment as Chief Operating Officer* mit der JULIUS BAER BANK AND TRUST COMPANY, Cayman Islands.

April 2000: Die OECD verabschiedet einen Bankgeheimnisbericht und will das Bankgeheimnis in Steuerfragen aufheben. FDP-Bundesrat Kaspar Villiger, später UBS-Verwaltungsratspräsident, sagt: «Das Bankgeheimnis ist nicht verhandelbar.»

2001: Die USA verlangen von Schweizer Banken, die in den USA tätig sind, das Unterzeichnen eines *Qualified-Intermediary*-Abkommens. Damit verpflichten sich die Banken, US-Kunden bei den Behörden zu melden.

11. September 2001: Die Anschläge vom 11. September auf die New Yorker Twin Towers befeuern die Diskussion um die Verschleierung von Terroristengeldern.

22. November 2002: Elmer muss einen Lügendetektortest ablegen.

10. Dezember 2002: Elmer erhält die Kündigung per 10. März 2003 zugeschickt.

Frühling 2003: Elmer trifft sich mit zwei Vertretern von JULIUS BÄR. Sie können sich nicht einigen.

Sommer 2003: Neue Anstellung bei NOBLE INVESTMENTS.

ab 2003: Rudolf Elmer schreibt Briefe an Kunden und informiert Steuerbehörden über Konten einzelner Kunden.

2004: Hans J. Bär veröffentlicht seine Memoiren: *Seid umschlungen, Millionen.* Er schreibt, das Bankgeheimnis mache «fett, aber impotent».

spätestens ab 2004: Beschattungen und Verfolgungen von Rudolf Elmer am Arbeitsplatz und am Wohnort in Freienbach. Familie Elmer erhält verschiedene Drohmails.

ab 2004: Elmer schreibt Drohmails an die Bank und ihre Mitarbeiter.

ca. 26. März 2005: Whistleblowing: Elmer schickt Bankdaten und einen «Insider-Report» an die eidgenössische Steuerverwaltung (ESTV) sowie an das kantonale Steueramt Zürich.

ca. 1. Juni 2005: Anonymus verschickt Bankdaten an die Wirtschaftszeitung CASH.

16. Juni 2005: CASH titelt: «Datenklau bei der Bank BÄR».

21. Juni 2005: Heidi Elmer und Familie werden auf der Autobahn verfolgt. Heidi Elmer erstattet Anzeige wegen Drohung gegen unbekannt.

27. September 2005: Erste Untersuchungshaft: Rudolf Elmer wird in Freienbach, Schwyz, verhaftet. Vorwurf: «Drohung etc.».

28. Oktober 2005: Elmer wird aus der U-Haft entlassen.

23. Dezember 2005: Elmer kontaktiert die NGO ERKLÄRUNG VON BERN und äussert explizit Whistleblower-Absichten.

Mai 2006: Verschiedene Aussprachen zwischen Elmer und JULIUS BÄR. Elmer lehnt ein Angebot auf Entschädigung als Erpressungsversuch ab.

31. Juni 2006: Elmer zieht weg. Er tritt eine neue Stelle bei der STANDARD BANK OF AFRICA auf Mauritius an.

April 2007: Der ehemalige UBS-Kundenberater Bradley Birkenfeld wendet sich mit einer Zusammenfassung seiner Informationen an das US-Justizministerium.

August 2007: Birkenfeld meldet sich als Whistleblower bei der FINANCIAL TIMES und sagt: «Mein Name ist Tarantula. Das ist nicht mein richtiger Name. Aber die Informationen, die ich gebe, werden mein Leben in Gefahr bringen und das Ende des Bankgeheimnisses einläuten.»

17. September 2007: WIKILEAKS publiziert einen gefälschten JULIUS-BÄR-Brief an Angela Merkel.

2007: Bei JULIUS BÄR gehen Drohungen ein. Elmer bestreitet die Täterschaft.

Herbst / Winter 2007: Elmer lädt verschiedene BÄR-Dokumente bei WIKILEAKS hoch.

Winter 2007: Elmer trifft Daniel Domscheit-Berg, die damalige Nummer zwei bei WIKILEAKS.

ab Januar 2008: WIKILEAKS publiziert insgesamt 37 Falldossiers der Bank JULIUS BÄR auf WIKILEAKS.

März 2008: FDP-Finanzminister Hans-Rudolf Merz sagt im Parlament: «Jenen, die das schweizerische Bankgeheimnis angreifen, kann ich voraussagen: An diesem Bankgeheimnis werdet ihr euch die Zähne ausbeissen!»

2008: Elmer wird bei der STANDARD BANK auf Mauritius entlassen.

April 2008: Birkenfeld erklärt sich gegenüber der US-Justiz bereit, auszusagen, wenn er im Gegenzug Immunität erhält.

April 2008: Martin Liechti, Nordamerika-Chef der UBS, wird in Florida festgenommen.

7. Mai 2008: Birkenfeld wird in Boston verhaftet, als er aus der Schweiz in die USA fliegt.

16. Juli 2008: Die USA stellen ein Amtshilfegesuch an die Schweiz. Die UBS soll US-Kunden seit 2001 systematisch geholfen haben, Steuern zu hinterziehen.

17. Juli 2008: UBS-Manager Mark Branson, heute Chef der Schweizer Finanzmarktaufsicht FINMA, entschuldigt sich vor dem US-Senat für die Geschäfte der UBS.

15. September 2008: Die US-Investmentbank LEHMAN BROTHERS geht konkurs. Das weltweite Finanzsystem gerät ins Taumeln.

16. Oktober 2008: Die UBS wird mit einem Rettungspaket über 68 Milliarden Franken vom Staat vor dem Kollaps bewahrt.

November 2008: Raul Weil, der Chef der Vermögensverwaltung der UBS, wird in den USA wegen Beihilfe zur Steuerhinterziehung angeklagt. 2014: Freispruch.

18. Februar 2009: Die Finanzmarktaufsicht FINMA weist die UBS an, über 250 Kundendossiers an die USA zu liefern. Die UBS zahlt der US-Justiz eine Rekordbusse von 780 Millionen US-Dollar. Die USA verlangen 52 000 Kundendossiers. UBS-Kunden versuchen, ihre Vermögen bei anderen Schweizer Banken zu verstecken.

19. August 2009: Einigung im Steuerstreit: Die USA erhalten die Dossiers von 4450 UBS-Kunden.

September 2009: Verschiedene Einvernahmen der Bankleitung und der Privatdetektive wegen der Verfolgung von Rudolf Elmer.

Sommer 2010: Das Parlament nimmt den UBS-Vergleich in Form eines Staatsvertrags mit den USA an.

16. November 2010: Die US-Steuerbehörde IRS zieht die Klage gegen die UBS zurück. Nun geraten andere Banken in den Fokus der US-Justiz. Rund 15000 Steuerbetrüger zeigen sich in den USA selber an.

Oktober 2010: Verhaftung eines WEGELIN-Bankers in Miami, USA.

17. Januar 2011: Elmer tritt mit Julian Assange im Frontline-Club in London auf. Er übergibt ihm zwei CDs.

19. Januar 2011: Erstes Gerichtsverfahren: Elmer steht wegen Drohung, Nötigung, Bankgeheimnisverletzung vor Gericht. Das Bezirksgericht spricht ihn teilweise schuldig. Elmer geht in Berufung. Am gleichen Abend wird Elmer an seinem Wohnort in Rorbas in der Tiefgarage verhaftet. Neuer Vorwurf: Bankgeheimnisverletzung («WIKILEAKS-Verfahren»)

Februar 2011: Die US-Justiz hat über ein Dutzend Schweizer Banken im Visier, darunter auch die Bank WEGELIN, die ab Sommer 2008 systematisch um US-Kunden warb.

7. März 2011: Bundesgerichtsentscheid: Das oberste Schweizer Gericht rügt die Zürcher Justizbehörden wegen mangelnder Ermittlungen im Fall der Nötigung der Familie Elmer durch Detektive und die Bank. Es habe sich «willkürlich» verhalten.

25. Juli 2011: Elmer wird nach 187 Tagen in Untersuchungshaft entlassen.

25. August 2011: Konfrontationseinvernahme mit Bankleitung, Privatdetektei, Mittelsmann und Rudolf und Heidi Elmer.

7. November 2011: Einstellung des Verfahrens gegen die Bank. Vergleich: Elmer erhält von JULIUS BÄR mindestens 600 000 Franken.

17. November 2011: Berufungsverhandlung am Obergericht im Fall der Drohung, Nötigung und Bankgeheimnisverletzung. Sistierung des Verfahrens. Staatsanwaltschaft muss nachuntersuchen.

27. Januar 2012: Nach einer US-Anklage gegen die Bank WEGELIN löst Teilhaber Konrad Hummler die älteste Privatbank der Schweiz auf.

Juni 2013: Der Bundesrat beschliesst, im Rahmen der OECD an der Erarbeitung internationaler Standards für den automatischen Informationsaustausch mitzuarbeiten.

30. Juni 2014: Anklageerhebung im WIKILEAKS-Verfahren wegen Bankgeheimnisverletzung. Antrag: 3,5 Jahre unbedingt.

10. Dezember 2014: Gerichtsverhandlung im WIKILEAKS-Verfahren. Zusammenbruch von Rudolf Elmer im Gerichtssaal. Teilweiser Freispruch. Berufung von beiden Parteien.

5. Juni 2015: Der Bundesrat verabschiedet die Botschaft zum Bundesgesetz über den automatischen Informationsaustausch.

18. Dezember 2015: Schlussabstimmung im Parlament. Das «Bundesgesetz über den automatischen Informationsaustausch in Steuersachen» wird verabschiedet.

Juni 2016: Fortsetzung der Berufungsverhandlung im Verfahren wegen Drohung, Nötigung und Bankgeheimnisverletzung am Obergericht. Zusammenlegung mit dem zweiten Verfahren wegen Bankgeheimnisverletzung (WIKILEAKS-Verfahren).

ab 2018: Die Schweiz führt den automatischen Informationsaustausch ein.

Anmerkungen zu den Quellen

Die im Buch abgekürzten Namen und alle anonymisierten Personen sind dem Autor bekannt.

Für die Schilderung der Ereignisse im Fall Elmer hat der Autor zahlreiche Gerichtsunterlagen, Ermittlungsakten und öffentlich zugänglichen Dokumente ausgewertet.

Die Auszüge aus den Einvernahmeprotokollen wurden grammatikalisch leicht überarbeitet. Wo nötig, wurden sie der Verständlichkeit und der Lesbarkeit halber sanft redigiert. Längere Auslassungen und Ergänzungen des Autors sind deutlich gemacht.

Das Protokoll der Konfrontationseinvernahme von Rudolf und Heidi Elmer sowie den Vertretern der Bank JULIUS BÄR und dem geschäftsführenden Privatdetektiv vom 25. August 2011 erstreckt sich im Original über 19 A4-Seiten. Sie sind im Buch stark gekürzt wiedergegeben. Protokollarische Fehler wurden im Interesse der Lesbarkeit korrigiert.

Der Autor hat für seine Schilderungen zahlreiche ausführliche Interviews mit den beteiligten Personen geführt, insbesondere mit Rudolf und Heidi Elmer.

Einige Protagonisten zogen es vor, nicht öffentlich zu reden oder gar keine Auskünfte zu geben:

Die verantwortlichen Staatsanwälte waren aufgrund der laufenden Verfahren nicht zu einem Interview bereit. Ein Polizist, der ab 2005 gegen Rudolf Elmer ermittelte, durfte mit Verweis auf die laufenden Verfahren keine Auskünfte erteilen.

Die Bank JULIUS BÄR wollte sich offiziell nicht äussern.

Auch die Privatdetektei RYFFEL zog es vor, nicht öffentlich Stellung zu nehmen. Sie stellte sich allerdings auf den Standpunkt, dass sie nichts Illegales getan habe.

Verschiedene Bankkunden, die von Elmer angeschrieben worden waren, wollten sich ebenfalls nicht äussern. Entweder reagierten sie nicht auf Anfragen, stritten ab, je etwas mit dieser Sache zu tun gehabt zu haben, oder sprachen nur in Hintergrundgesprächen. Der Anwalt eines BÄR-Kunden warnte unter Androhung juristischer Konsequenzen davor, seinen Mandanten in diesem Zusammenhang zu erwähnen.

Gewisse Informationen, die in die Schilderungen der Ereignisse eingeflossen sind, stammen aus Hintergrundgesprächen mit beteiligten Personen, die nicht zitiert werden wollen. Soweit sie ihre Darstellungen belegen konnten, wurden sie berücksichtigt. Oft stellten sich gerade vertraulich gemachte Äusserungen und Anschuldigungen als übertrieben und haltlos heraus.

Im Januar 2013 schickt die !Mediengruppe Bitnik ein mit Kamera und GPS-Signal ausgestattetes Paket an Julian Assange: Ist es möglich, die physische Sperre zum Gründer von WIKILEAKS zu durchbrechen, der wegen einer drohenden Auslieferung an die USA auf der ecuadorianischen Botschaft in London festsitzt? Wird am Ende der Paketreise das Gesicht von Assange vor der Kamera auftauchen oder jenes eines Beamten des britischen Geheimdienstes?

«Ein künstlerischer Polit-Thriller im Kleinen.» NZZ
«Eine packende Reportage.» WOZ

Er schmeisst das Gymnasium und jobbt als Kuhhirt auf der Alp. Lebt in Kommunen, liest anarchistische Traktate, wird Vater – und zieht in den bewaffneten Kampf für eine Welt ohne Herrschaft. Aus Protest sprengt er Anlagen der Elektrizitätskonzerne. Er wird drakonisch bestraft, kann fliehen, taucht ab. Ein Jahrzehnt später wird in Brusio ein Grenzwächter erschossen – und Marco Camenisch in einem Indizienprozess als Täter verurteilt.

«Spannend wie ein Krimi.» <small>NZZ AM SONNTAG</small>
«Ein wichtiges Buch für die Schweizer Oppositionsgeschichte.» <small>JUNGE WELT</small>

Kurt Brandenbeger

Marco Camenisch.

Lebenslänglich im Widerstand
Gebunden, 208 Seiten, 29 Franken, 27 Euro.

In allen guten Buchhandlungen oder direkt bei:
www.echtzeit.ch

Zum Autor: Carlos Hanimann, 1982, ist Journalist in Zürich. Seit 2008 arbeitet er als Redaktor für die Wochenzeitung WOZ. Zuvor schrieb er für das ST. GALLER TAGBLATT. 2010 gewann er den Ostschweizer Medienpreis für eine Reportage im Kulturmagazin SAITEN. Er ist Mitbegründer und Autor des berüchtigten Polit-Blogs NATION OF SWINE.

Dank: Allen, die mir ihr Vertrauen geschenkt und meine Fragen offen beantwortet haben. Allen, die mir beim Schreiben dieses Buchs geholfen haben: Dinu Gautier für das Gegenlesen; Markus Schneider für das präzise Lektorat; Xenia für die nüchternen Einwände, die unendliche Geduld und die Unterstützung durch alle Widrigkeiten; Jovica, Aron, Tomo und Dani für die Gespräche zwischen den Zeilen und die richtigen Getränke zur rechten Zeit.

E a vocês, queridos pais: sem vocês não seria quem sou.

1. Auflage 15. Februar 2016
Copyright © 2012 Echtzeit Verlag GmbH, Basel
Alle Rechte vorbehalten

ISBN 978-3-905800-43-2

Autor: Carlos Hanimann
Illustration auf dem Umschlag: Gregory Gilbert-Lodge
Lektorat: Markus Schneider
Korrektorat: Birgit Althaler
Gestaltung: Müller+Hess, Basel
Druck: Ebner & Spiegel, Ulm

www.echtzeit.ch